High Performers Never Give
Wordy Explanations

仕事のできる人が
絶対やらない
説明の仕方

車塚元章
Motoaki Kurumazuka

日本実業出版社

はじめに

私は研修講師という仕事柄、次のような声をよく聞くことがあります。

「上司が納得する、簡潔で説得力のある説明ができない……」

「後輩や部下に伝わる、わかりやすい説明ができない……」

「自分の説明する力に自信がない……」

実は多くのビジネスパーソンが、このように自らの説明する力について、何らかの悩みを抱えています。

相手にわかりやすく説明する力は、職種や役職に関係なくすべてのビジネスパーソンにとって必要です。また、円滑なコミュニケーションを図るためにも、「説明」は重要なスキルといえます。

「説明」とは、あなたが伝えたいことを、相手に正しく理解してもらうことをいいます。つまり、「単に知ってもらう」というだけでは不十分です。相手が〝わかる状態〟

にならないといけないのです。さらにいえば、わかったうえで〝納得する状態〟、そして納得したうえで〝行動する状態〟も意識しなければなりません。

普段行っている「説明」ですが、実はとても難しくて大変なことなのです。

たとえば、あなたは次のような説明を受けたらどう感じますか？

相　手：「来月発売になる新商品の特徴についてご説明します」

あなた：「特徴についてですね。よろしくお願いします」

相　手：「まず、商品開発を行う前に市場調査を行いました。その後社内でアンケート調査を実施しました。すると……という状況がわかりました。それでどんな特徴があるんですか？」（で、結論は？）

あなた：「そうですか、それでどんな特徴があるんですか？」（で、結論は？）

おそらく、あなたは市場調査やアンケートの話ではなく、早く新商品の特徴について説明してほしいと思うはずです。

私は研修講師として、研修の受講者に対して、特定のテーマについて説明する仕事をしています。ロジカルシンキング研修であれば、論理的な思考について説明しますし、ネゴシエーション研修であれば、交渉や説得の仕方について説明します。

そうした中で、説明の仕方は一つだけではないということをつくづく感じます。説明する情報や相手の状況によって、それに合った説明の仕方がいくつもあるのです。

本書ではさまざまな場面で生かすことができる、実践的な説明の仕方を、具体的な事例を交えながら詳しく解説していきます。本書をお読みになり、実践可能なものからどんどん取り入れていけば、あなたが目指す理想のビジネスパーソン像にまた一歩近づけられると確信しています。

あなたのこれからの人生に、少しでもお役に立てることができれば、著者としてこれほど幸せなことはありません。

それでは、あなたの説明を相手が理解・納得し、何かしら行動を起こすような「伝わる説明の仕方」を、一緒に見ていきましょう。

2019年12月吉日

車塚元章

仕事のできる人が絶対やらない説明の仕方　もくじ

第1章

仕事の効率が上がる説明の基本

第2章 職場で上司から評価される説明の仕方

第3章

顧客や取引先に納得してもらう説明の仕方

第4章

後輩や部下をうまく動かす説明の仕方

第5章

会議やプレゼンをきちんと仕切れる説明の仕方

第6章 「説明がうまい」と思われる一歩先のテクニック

カバーデザイン　小口翔平＋山之口正和（tobufune）
カバーイラスト　どいせな
本文デザイン・DTP　一企画

第1章

仕事の効率が上がる説明の基本

1 「伝える」説明でなく「伝わる」説明をする

「伝える」と「伝わる」の違いは何でしょうか？

伝えるとは「私が伝える」ことですから、主体は私になります。一方で、伝わるとは「相手に伝わる」ことですから、相手が主体になります。

似ている言葉で混同しやすいのですが、本質はまるで違います。

一生懸命だけでは伝わらない

一生懸命に伝えようとすることで、かえってわかりづらくなることがあります。

私は研修講師として、毎日のように企業の研修や公開型のセミナーで話をしています。

これは研修講師になりたての頃の話ですが、ある金融系企業の新入社員研修の講師を担当しました。受講者はとても素直で、私の話を食い入るように聞いてくれていたように私には感じられました。

受講者が真剣に話を聞いてくれていると思うと、私もつい力が入ります。もっといろいろな話をしようと、熱弁をふるったのです。

しかし、それがよくありませんでした。

無事に研修を終え、私は満足感一杯で研修会場を後にしたのですが、後日見せてもらった受講者アンケートを見てびっくりしました。「話の展開が早くてついていくのがやっとだった」「一生懸命話しているのはわかったが、内容が理解できなかった」といった評価が多かったのです。

私は伝えることだけを考えていたため、私の話が伝わっていたかどうかなど、意識するだけの余裕が全くなかったのです。

一生懸命に伝えること自体は悪いことではないでしょう。でも、それだけでは相手に伝わる説明はできないということです。説明の主体は自分ではなく相手であり、相手が理解できていないと意味がないのです。

相手の常識と、自分の常識をあわせる

何かを説明をする時、あなたと相手の常識が一致していれば、スムーズに話が進みます。これは、伝わる説明をするために、最初に心得ておきたいことです。

ところで、あなたは顧客のことを普段何と呼んでいますか？

「お客さま」「お客さん」「お客」「お得意先」「顧客」「クライアント」など、さまざまな呼び方があります。

では、あなたが説明する相手はどの言葉を使っているでしょうか？

仮に相手が「お得意先」という言葉を使っているなら、同じ言葉を使って話をしてみてください。相手にとって「お得意先」という言葉が常識だからです。

この場合は決して「クライアントにとって大事なことは……」などと説明を始めてはいけません。相手は「えっ、クライアント？　あ〜、お得意先のことね」と、あなたの言葉をいったん自分の言葉に置き換えてから、理解しなければならなくなります。

しかし、普段使い慣れている言葉で説明されれば、相手はその言葉を違和感なく受け取ってくれるはずです。このように、自分の常識ではなく、相手の常識で説明することが、伝わる説明の第一歩になります。

相手が理解できる「説明」とは?

NG

一生懸命「伝える」説明をする

「伝える」ことにこだわると、相手の反応を感じ取る余裕がなくなったり、自分の常識を押しつけた言葉で説明してしまいます。

OK

相手に「伝わる」説明をする

相手に伝わらなければ、説明する意味がありません。そのためにまずは、相手の常識にあわせた言葉を使った説明を心がけましょう。

2 相手が一番知りたいことをまず説明する

友達との雑談や、物語のストーリーを話す場合には、時間の流れに沿って話を進めることで、相手の理解が進みます。

「先週の土曜日、2泊3日で北海道に旅行に行ってきたんだ。空港に到着してすぐに向かったのが札幌で、時計台を見に行ったよ。1階には展示室があってね……。それから翌日は丸山動物園で……」

このように話をすれば、相手はその情景が頭に浮かび、一緒に北海道を旅している気分になります。

しかし、ビジネスの場面では少し違います。

■あなたが伝えたいことと、相手が聞きたいことは違う

言うまでもなく、ビジネスでは時間がとても重要な要素になります。

相手に何かを説明しようとすればその分、相手に貴重な時間を使わせてしまうことになります。ですから、**まずは自分のことより相手のことを考えて説明する**ようにします。

あなたにとっては、時系列で話をしたほうが説明しやすいということもあるでしょう。また、そのほうが自分の言いたいことを伝えやすいのかもしれません。しかし、**相手にとって一番知りたいことは、説明する内容の「結論」の部分です。**

常に相手が聞きたいことから伝える、ということを心がけてください。

時系列ではなく、結論から話す

たとえば、ある営業パーソンが上司に対して、次のように説明したとします。

「今日Ａ社を訪問しました。初対面だったので名刺交換からスタートして、次にお茶を出していただいたので、一口飲んでから話を始めました。まずは簡単な自社紹介から入り、次にパンフレットについて説明を始めました……」

本人からすると、その場の状況を思い出しながら順を追って話せるので話しやすいかもしれません。しかし、上司にしてみれば、まず知りたいのは訪問した結果です。

「今日A社を訪問した結果、契約できました」

「今日A社を訪問した結果、契約できませんでした」

このように、結論から先に話すようにします。そうすることで、上司はその続きを落ち着いて聞くことができます。場合によっては、一番大事な結論だけで聞いてその続きは聞かない、という判断をすることもできます。


結論が後回しになってしまっては、相手はいつまで話を聞けば一番知りたいことが聞けるのか、気にし続けていなければなりません。

それに、あなたにとっても、相手から「それで、結論はどうなった？」と言われるのではないかと、常にビクビクしながら説明を続けなければなりません。これでは、精神衛生上好ましくありませんね。

まず結論を話して、その後、状況などについて落ち着いて説明するという手順がいいでしょう。

「相手が知りたいこと」を意識した説明を！

NG

時系列に沿って説明する

自分の伝えたいことを、伝えたい順番で話すと、相手にとってはわかりづらい説明になります。話の途中で「もう理解できないから、この話は聞き流そう」と思われてしまいます。

OK

結論から説明する

相手に貴重な時間を割いてもらって説明するのですから、相手が聞きたいと思う順番で話すことが一番大切です。つまり、まず結論から話すのです。

3 相手の知識・関心にあわせる

ある事柄について、知識が豊富な人もいれば、そうでない人もいます。また、強い関心を持っている人もいれば、そうでない人もいます。

ですから、**あなたと相手との間にどの程度、知識・関心のギャップがあるのかを、説明する前に知っておくといいでしょう。**

■相手との知識・関心のギャップを埋める

たとえば、野球が好きで、普段からプロ野球を観戦したり、会社の草野球チームでプレーするなど、知識や経験が豊富な人がいたとします。

その人が1週間後に会社の友人とプロ野球を球場で観戦することになりました。しかし、その友人は野球についてほとんど知識がありません。そこで、事前にプロ野球観戦の楽しみ方を教えてほしいと頼んできました。当然二人の間には知識・関心のレベルにギャップがあります。

では、この場合、野球の知識・経験が豊富な人がそうでない人にどのように説明すればいいのでしょうか。次のようなステップを踏んでみましょう。

ステップ1　相手の知識・関心のレベルを知る

まずは相手が、野球についてどの程度の知識や関心があるのかを知りましょう。「好きなプロ野球チームは？」「野球観戦の経験は？」「野球をやった経験は？」などの質問をして、相手の知識レベルや関心の度合いを確認します。

ステップ2　丁寧にわかりやすく説明する

自分と相手との間にある知識・関心のギャップを意識しながら、丁寧に、わかりやすく説明します。

ステップ3　相手の理解状況を確認しながら話を進める

相手が説明の内容を理解しているかどうか、確認しながら話を進めます。「ここまでの説明で、わかりにくかったことはある？」「何か聞いておきたいことはある？」といった質問をしながら、少しずつギャップを埋めていきます。

特に知識・関心にギャップがある相手に説明する場合、心がけておきたいのが「**もし、私が説明される立場なら、こんな風に説明してもらいたい**」**と想像してみる**ことです。よく「相手の立場になって考える」といいますが、ここはもう一歩踏み込んで、「相手になりきって考えてみる」といいでしょう。

■相手が複数の時、誰にあわせて説明するのか？

説明する相手が一人ではなく、複数という場合もあるでしょう。当然ですが、知識・関心のレベルは人によってまちまちです。

では、一体誰の知識・関心レベルにあわせて説明すればいいのでしょうか？

そのような時は、知識があまりない人、関心があまりない人にあわせるようにします。中には「その話、すでに知っているよ！」と思う人がいるかもしれません。でも、少なくとも話についてこられない人はいなくなります。

私は普段、研修やセミナーで複数の人たちを前に話をしますが、基本的には知識・関心レベルの底上げを図る、という気持ちで話をしています。そのうえで、ところどころに知識・関心のある人にも刺激を与えられるような話を、織り交ぜるのです。

自分の知識を基準にして説明しない

NG

自分と相手は同じ知識・関心があると思って説明する

これでは相手のことを考えず、ただ自分の言いたいことを説明するだけになってしまいます。結果として、相手が理解しているかどうか関係なく、話を進めてしまいます。

OK

自分と相手では知識・関心に差があることを前提に説明する

あなたと相手とでは知識レベルや関心の度合い、さらには価値観が違うということを理解したうえで、相手にあわせた説明をしましょう。

4 話の設計図を用意してから説明する

前項で「丁寧にわかりやすく説明する」ことが大切だとお伝えしましたが、そのためには自分の頭の中の知識や情報を、整理することから始めます。

■「え〜」「あの〜」「で〜」は、頭の中が整理されていない証拠

人前で話をする時に「え〜」「あの〜」「で〜」を連発する人がいます。人前に立つことで緊張してしまうという理由もありますが、一対一で話していても発してしまう人も多いのです。

「え〜」「あの〜」「で〜」は〝つなぎ言葉〟といって、話と話の間を埋めようとして出てくる言葉です。話す内容が決まっていない、頭の中が整理されていないために、次に何を話そうか探っている状況で発せられる言葉なのです。

このような言葉を連発していては、到底わかりやすい説明とはいえませんね。

自分が理解していないことは話せない

人は自分が持っている知識以上のことや、理解している以上のことを相手に説明できません。

私の経験からすると、**仮に100のことを説明したいと思えば、少なくとも120～150以上の知識や理解がないと、相手に説明することはできない**と考えています。

逆にいえば、そのくらいの余裕を持って話すことができれば、伝えることだけでいっぱいいっぱいになることはありません。

私は研修やセミナーなどで話をする時は、自分の頭の中で十分に理解が進んだことを整理したうえで、話の設計図を描きながら、余裕を持って話すようにしています。そのため、「え～」「あの～」「で～」などのつなぎ言葉を発することなく、スムーズに話すことができます。

結局、自分が理解してないことは伝えられないし、あいまいな知識・情報を基に説明することはできないのです。

ですから説明する内容について、あらかじめ十分な知識と情報を備えておいてください。

口ベタでもしっかり準備すればうまく説明できる

「私は話がうまい」と自信のある人よりも、「私は口下手だ」と思っている人のほうが、しっかりと準備をしてから説明する傾向があります。いい意味での危機感を持っているからなのでしょう。

私は大学を卒業して証券会社に入社しました。営業として仕事をしていたのですが、2年先輩で成績抜群の人がいました。いわゆるバリバリの営業タイプの人ではなく、どちらかというとおとなしくて口下手なタイプでした。

その先輩が普段何をしていたかといえば、徹底して準備をしていました。顧客に電話する前には、必ず話の内容や順番をメモしていました。課長から「考えないで、まず電話しろ！」と言われても、このルーティンは守っていたのです。

やはり準備は大切。説明の前には頭の中に次のような設計図を用意しましょう。

①自分が知っている知識や情報を整理する

②相手が知りたい知識や情報を整理する。または、相手が知りたいと思っていそうなことをイメージする

③相手にとってわかりやすい説明のストーリーを作ってみる

言いたいことを整理してから説明してますか？

NG

「え〜」「あの〜」「で〜」交じりの説明をする

このような言葉が出てくるのは、頭の中が整理されていないからです。自分の中で十分理解できていないことを、とりあえず説明しようとすると出てきます。

OK

説明する前に話の設計図を用意する

相手に説明する前に、しっかりと頭の中に設計図が描けていると、話す内容が明確になり、余裕を持って説明することができます。

5 相手の頭の中に地図を描くように説明する

「○○ビルに行きたいのですが、行き方を教えてもらえませんか？」

「いいですよ。○○ビルに行くにはこの道を真っすぐ進んで2つ目の信号を右に曲がります。しばらく進むとまた信号があるので、今度は左に曲がります。また、しばらく歩いているとと5階建てのビルが見えてくるので、その隣が○○ビルです」

「……ありがとうございます」

わかったような、わからないような、とりあえず歩いてみるか。迷ったらまた聞いてみよう、といった感じになりませんか？

全体像を話してから、細かな話をする

先に紹介したような説明をする人は、本人は○○ビルまでの道順の地図を頭の中に描けています。そして、自分がその道を歩く状況をその通り話しているのです。

しかし、説明を受ける人にとっては初めて通る道ですから、このような説明では全くイメージがつきませんし、地図も浮かんできません。右に曲がる2つ目の信号までの地図を描こうとしても、距離や時間がわからず、どのくらいの長さの道を描けばいいのか決められません。その後の道のりについても同様にうまく描くことができず、かなりアバウトな地図になってしまいます。

つまり大事なのは、**相手の頭の中に地図を描くように説明する**ということです。あくまで、主体は相手ですから、相手が理解できるようなものでなければなりません。道案内は説明するというよりは、「相手の頭の中に地図をイメージしてもらう」ということを意識しながら話を進めるといいでしょう。

では、どのような説明であれば地図を描くことができるのでしょうか？
たとえば、次のような説明ではいかがでしょう。
「○○ビルですね。ここからだと、歩いておよそ10分くらいです。高台にあるので緩やかな坂道が続きます。道順ですが、まずこの道を真っすぐ進んでください。500メートルほど進むと2つ目の信号があります。その信号を右に曲がります。そこから

200メートルほど進むと、コンビニのある1つ目の信号が見えてくるので、今度は左に曲がります。そこからさらに100メートル進むと、郵便局の入った5階建てのビルがあります。その1軒先が〇〇ビルです。信号で曲がる時は、最初は右、次に左の順番です。そして、郵便局の隣のビルです」

全体像がわかると相手は安心する

このような説明であれば、最初の段階で〇〇ビルまでの道のりが10分であること、そして緩やかな坂道が続くことがわかります。

この2つの情報があるだけで、目的地までのおおよその状況が理解できます。先のことがわからないまま歩くのとは違って、それだけの情報があれば相手は安心することができます。

こうして全体像を話した後に、目的地までの細かな説明をすることで、相手の頭の中に地図を描くことができます。さらに、途中にある「コンビニ」「郵便局」といった目印になるポイントを具体的に伝えることで、一層わかりやすい説明になるのです。

これは目的地への行き方を説明する場合だけではありません。まずは話の全体像を描き、それから細部の説明に移るようにしましょう。

地図を描くような説明の仕方とは?

NG

細かい部分から話す

いきなり細かい説明をしても、相手の理解は進みません。自分の頭の中では話の全体像が見えていたとしても、その全体像は相手の頭の中ではイメージできていないのです。

OK

まずは全体像を説明する

たとえば、相手に道順を伝える場合では、「相手の頭の中に地図をイメージしてもらう」ことを意識します。そのためには、全体像を話してから細かな説明に入る、という順番で話を進めます。

6 ゴールがあいまいな状態で説明しない

「これは余談ですけどね……」「今、思い出したのですが……」と言って、話の本筋からどんどん脱線してしまう人がいます。

一通り説明が終わった後に、補足の説明で関連した話をするのならいいかもしれません。でも、話の途中でのこのような脱線はNGでしょう。今思い出したことや、話したいことをそのまま口にしている行為で、その場の雰囲気に流されているのです。

ある意味では、相手の反応を見ながら臨機応変に対応している、といえなくもありません。しかし、ここは注意が必要なところです。

ゴールがあいまいだと、話は脱線する

以前、某ホテルで行われたある企業経営者の講演会に、私も参加しました。講演時間は90分で、聴衆は200名を越えていたと思います。テーマは「これからの時代に

求められる経営者像」というものだったのですが、内容はほぼ脱線した話でした。「私はこれまでいろいろな経験をしてきました……」「……ということで危機を乗り越えました」「あ〜、そういえばこんなことがありましたね……」「もうこんな時間ですか……。まとまっていませんが、これで終わります」

確かにカリスマ性があり、話も面白いのですが、どう見ても事前に話す内容を決めていたという感じではありませんでした。その場で思いついたことを、自慢話として話していた、という印象でした。

なぜ、このように話が脱線してしまったのかといえば、おそらく話のゴールがあいまいだったからでしょう。「〜について理解してもらう」「〜について納得してもらう」といった、明確なゴールが設定されていなかったのだと思います。

それに、聴衆が期待していた「これからの時代に求められる経営者像について知りたい」ということも、完全に無視されていました。理想の経営者像についてほとんど話すことなく、自慢話に終始した残念な講演会でした。

それとは逆に、説明のうまい人はゴールを見ながら話をします。行き当たりばったりの話ではなく、常にゴールを意識しているのです。

しかも、自分の位置からではなく、少し上から全体を俯瞰しています。地図を見る感覚と同じで、上から眺めるとゴールまでの全体を把握することができ、自分の位置とゴールを確認しながら話すことができるのです。

説明のゴールは「理解」「納得」「行動」のいずれか

あなたが説明する際のゴールは、次の3つのいずれかに当てはまるはずです。

理解してもらう……あなたが説明した内容を正しく理解してもらう
納得してもらう……理解したうえで、内容について納得してもらう
行動してもらう……納得したうえで、あなたの意図する行動をしてもらう

つまり、説明すること自体がゴールなのではなく、説明した結果として相手に「理解してもらう」「納得してもらう」「行動してもらう」ことがゴールなのです。

説明しただけでは完結しません。その後まで考えることが大事なのです。

目的を決めて説明してますか？

NG

説明の途中で脱線ばかりする

説明するテーマは決まっていたとしても、ゴールがハッキリしていないと、話が脱線ばかりしてしまいます。その結果、何の説明なのかわからなくなってしまうのです。

OK

常にゴールを意識しながら説明する

理解してもらうのか、納得してもらうのか、行動してもらうのか。ハッキリとしたゴールを設定したうえで、そのゴールを意識しながら説明しましょう。

7

「聞きたい」「聞かないとまずい」と思わせてから説明に入る

「伝わる説明」にならない理由は、ほとんどの場合は伝える側にあります。

論点が不明確、話の主語がない、筋道が通っていない、話が飛んでしまう、要点が絞れていない、話が長いなど、その理由はさまざまです。

しかし、説明を受ける側の状態によっても、左右されることがあるのです。

どんなに丁寧でわかりやすい説明をしたとしても、相手が聞く姿勢になっていなければ、全く意味のない説明になってしまいます。せっかくの情報も相手の頭の上を素通りしてしまうことになります。

ですから、**あなたが説明に入る前に、相手には聞く姿勢になってもらう必要があります**。つまり、関心を持ってもらうということです。

「あなたの話を聞きたい」と思ってもらう。あるいは「あなたの話を聞かないとまずいことになる」と思ってもらうようにするのです。

メリットを伝えて、聞く姿勢を整える

話を聞くことでいいことがある、メリットがある、ということがわかれば、相手は積極的にあなたの説明を聞きたいと思うはずです。

私は26歳の時に、証券会社から経営コンサルティング会社に転職しました。中堅中小企業を対象とするコンサルティング会社で、直接話をする相手は経営者です。ビジネスの経験・実績とも圧倒的に劣っている私が、百戦錬磨の経営者に対して経営についてのコンサルをしなければいけないわけで、相当なプレッシャーがありました。

では、そのような経営者が、どうして私の話を聞いてくれたのでしょうか？

理由は、成功した企業の事例を話すことで、関心を持ってもらえたからです。

新人時代の私には直接企業のコンサルをして成功に導いた体験はまだありませんでした。ですから、先輩コンサルタントの成功事例を話すようにしたのです。幸い、社内には多くの事例が蓄積されていたので、それぞれの会社のケースにあわせて具体的な話ができました。

「ある製造業の会社では、設備の老朽化・陳腐化という問題を抱えていて……」「あるサービス業の会社では、営業力に問題を抱えていて……」などと具体例を挙げ、どのように問題解決を図り、その結果業績が回復できたのかを説明したわけです。

まずは相手の関心のある話をして、その後の話についても、「自分にとって価値があるかもしれない」という期待感を持ってもらうことが重要なのです。

デメリットを伝えて、危機感を醸成する

無関心の状態から、相手に関心を持ってもらうために、「**話を聞くことで、デメリットをなくすことができる**」**ということを強調する**方法があります。

つまり、私の説明を聞かないと「まずいことになりますよ」「損をしますよ」といった、危機感を醸成して関心を持ってもらうのです。

「最近、○○ができなくて困っている、という人が実に多いですね。あなたにはそうなってもらいたくないので、ひとつだけお話ししておきます……」

誰でも困った状況にはなりたくないものです。そうならない方法があるなら、相手もその話を聞いてみたいと思うことでしょう。

説明の内容に関心を持ってもらうには？

NG

相手の「聞く姿勢」に関係なく一方的に説明する

相手が関心を持っている状態、話を聞く状態になっていないにもかかわらず説明を始めても、相手には伝わりません。

OK

相手の「聞く姿勢」が整ってから説明を始める

あなたの話を聞いて「メリットを得たい」「デメリットをなくしたい」と相手が思う状態にしてから説明するようにしましょう。

8 長文でだらだら説明しない

「先月実施した顧客満足度の調査結果が、マーケティング会社から上がってきたのですが、当初予想していたのとは違い大変驚いている状況でして、といいますのもA製品については満足度が高い反面、B製品の満足度が低く、これはどこに原因があるのか私もわからないのですけれども、おそらくは調査対象が……」

このように、長文で話をすると、とてもわかりづらい説明になります。

句点（。）が一か所もなく、すべて読点（、）でつないでいます。これでは、説明を受ける側は、一息もつけずに話が先に進んでしまいます。たぶん、内容を理解することはできないでしょう。

■短文でテンポよく説明する

言葉は簡潔に短くして伝えるようにします。目安としては、**一文60文字以内であれ**

ば、相手の理解も進みます。

「先月実施した顧客満足度の調査結果が、マーケティング会社から上がってきました。当初予想していたのとは違い大変驚いている状況です。なぜかというと、A製品の満足度は高く、B製品の満足度が低いという結果だったからです。どこに原因があるのか私もわかりません。しかし、おそらくは調査対象が……」

いかがでしょうか。読点を減らし、句点を多くしてみました。説明している内容は同じですが、すっきりしてわかりやすくなりましたね。

句点によって文を区切ることで、相手は一つひとつの内容をしっかり理解することができます。このように、一つの文の中で一つの事柄だけを伝えることを「**一文一義**」といいます。

文と文をつながない

「〜であれば」「〜なので」「〜しても」「〜けれども」など、文と文をつなぐ言葉を使う際には注意が必要です。前後の文をつなぐことで、長文になってしまう可能性があります。

もし、文が長くなりそうな時は、句点で文を区切ることができないだろうかと、考えてみるといいでしょう。

「おそらく調査対象が20代の若手層だったのでしょうけれども、30代〜40代まで対象を広げれば違った結果になったと考えられますし、私としては……」

この文であれば、次の3つに区切ることができます。

・おそらく調査対象が20代の若手層だった
・30代〜40代まで対象を広げれば違った結果になったと考えられる
・私としては……

このように区切った後は、適切な接続詞で前後の関係を示すことで、短文にすることができます。

「おそらく調査対象が20代の若手層だったのでしょう。しかし、30代〜40代まで対象を広げれば、違った結果になったと考えられます。そこで、私としては……」

こうするとテンポがよくなり、相手に内容を理解してもらいやすくなります。

テンポよく説明するには？

NG

読点（、）が多い説明をする

読点が多い文は、だらだらとした長文になりがちです。そのため、言葉に出して説明する際も、単調でメリハリのないものになってしまうのです。

OK

句点（。）が多い説明をする

句点を多く用いることで、短文でテンポよく伝えることができるようになります。また、一つひとつのワードが短くなり、相手の記憶にも残りやすくなるのです。

9 余計な話を加えて説明しない

たとえば、ある商品の購入を検討している顧客がいたとします。

その顧客は、購入後のアフターサービスの質の良し悪しを最も重要視しています。

そのことを知っている営業パーソンが顧客に対して、次のような商品説明をしています。

「こちらの商品ですが、他社に比べて価格が20％安くなっております。また、画期的な新性能を備えているのです。その新機能は多くのお客様に好評をいただいておりますす。また、アフターサービスも充実しており、お困りの際はメンテスタッフが素早く対応させていただきます。さらに、環境にやさしいエコな素材を採用しており……」

説明するポイントを絞る

いくつも特徴を話す中で、顧客がどの言葉に関心を示すのかを探っているのなら、いいかもしれません。しかし、顧客はアフターサービスに関心があることがわかっています。ですから、ここはポイントを絞って説明すべきです。ただ商品の特徴を列挙しているだけでは、顧客には響きません。

説明する量はあまり多くならないようにします。余計な説明は加えないようにして、話す内容を絞り込むことが大事です。相手にとって重要なポイントに絞り、伝える範囲を決めるのです。

「こちらの商品ですが、さまざまな特徴があります。中でもアフターサービスの充実が最大の特徴となります。万一、お困りの際はメンテスタッフが素早く対応させていただきます。たとえば、○○○と感じたらすぐにご連絡ください。そのほかの特徴については……」

このように、ポイントを絞ることで相手にとってわかりやすい説明になります。

得意なことは、うまく説明できない

前項まででも触れてきたように、話し好きの人や話の面白い人が、必ずしも説明上手とは限りません。このような人の中には、説明の範囲を決めずに余計なことを話してしまい、結果として簡潔な説明にならない人もいます。

また同じように、教え好きの人も注意が必要です。説明することに一生懸命になり、あれもこれも伝えようと、時間を忘れて余計なことまで話してしまう傾向があるからです。


「**得意なことは、案外うまく説明できない**」ということがいえます。

自分が得意なことであれば、話をするための知識は十分に持っています。それに、ちょっとした自慢話も入れることができるので、つい話が長くなるのです。

逆に、苦手なことはしっかり考えてストーリーを作って説明しようとするため、かえってわかりやすい説明になることもあります。

何でもかんでも説明しようとしない

NG
説明の量やポイントが多い

多くのことを伝えれば、相手は理解できるというのは思い込みです。ポイントを絞り込まないと、相手が消化できない量の情報を伝えることになってしまいます。

OK
説明するポイントを適切に絞る

簡潔にわかりやすい説明を心がけ、相手にとって重要度の高いポイントに絞って説明するようにしましょう。

☑ Check 相手に「伝わる」説明のためのセルフチェック

- □ 相手が普段使っている言葉を、意識して使うようにしているだろうか？
- □ 相手が一番知りたいと思っている「結論」を、最初に話しているだろうか？
- □ 相手の知識・関心レベルにあわせた説明をしているだろうか？
- □ 相手に「理解してもらう」「納得してもらう」「行動してもらう」ことを意識して説明しているだろうか？
- □ 句点（。）を多く、読点（、）を少なくし、短い文で説明しているだろうか？
- □ 多くの情報を説明しようとするのではなく、ポイントを絞った説明をしているだろうか？

第2章

職場で上司から評価される説明の仕方

1

因果関係・相関関係などを整理して説明する

上司に何かを説明する場面としてまず思い浮かぶのは、報告の場面でしょう。よく言われる「報告・連絡・相談」つまり「報連相《ほうれんそう》」のうち、おそらく最も頻繁に行っているはずです。報告の目的は、上司から指示された仕事について、結果や経過を説明することです。また同時に、その報告内容を基にして、上司が次の判断や指示をしやすくするという目的もあります。

ですから、簡潔にわかりやすく説明することは当然ですが、上司の頭の中に違和感なくスーッと頭の中に入ってくるような、論理的な説明である必要があります。

■なぜ「君の報告はわかりづらい」と言われるのか

上司から「君の報告はわかりづらい」と言われたことはありますか？

だらだらとした長文でわかりづらい、余計な話が多くてわかりづらい、といった理由もあります。しかし、**上司にとってわかりづらいと思う一番の理由は「部下の説明が論理的ではないから」です。**

ですから、情報と情報の関係性が明確になっている。因果関係、相関関係がはっきりしている。話す順番がわかりやすく筋道が通っている。このような説明の仕方が求められているわけです。

情報を報告する際の手順

論理的な報告をするためには「情報を収集し、整理し、伝える」という手順で進めていくことになります。

まず、報告するための情報を収集します。上司に対しては、基本的に情報はすべて報告する、というのが原則です。「この情報は伝える必要はないのではないか」などと勝手に判断するのは危険です。必要か必要でないかは上司が判断することです。

次に、そうした情報を整理します。**情報と情報のつながりについて、論理的に整理する**ということです。

上司：「ところで、事柄Aと事柄Bには、一体どんな関係性があるの？」

部下：「いや～、どうでしょうか。特にないと思いますが……」

これでは、報告になりません。ただ単に複数の情報を伝えているだけです。ですから、伝える情報同士にどのような関係性があるのかをはっきりさせます。

私も若手コンサルタントの頃、「情報の整理ができていない！」と、上司からよく指摘を受けていました。

報告の場面で、私が少しでもあいまいな説明をすると、「そう考える根拠は何？」「どうしてその結論になるの？」「その事実から、どんな結果が予想できる？」といった具合に、どんどん質問が飛んできたのです。

そのたびに、ある情報と別の情報にはどんな関連があるのか、整理することの重要性を感じました。

因果関係・相関関係を整理する

混同しがちですが、「因果関係」と「相関関係」は違います。相関関係があるからといって、因果関係があるとは限りません。

因果関係……事柄Aが原因で、事柄Bの結果が起こる関係
相関関係……事柄Aの変化にあわせて、事柄Bが変化する関係

仮に「1日に2時間以上ゲームをする子供は、ほとんどゲームをしない子供に比べて学力が低くなる傾向がある」というデータがあったとします。

このデータからすると、ゲームと学力との間には相関関係がありそうです。でも、因果関係があるとは限らないのです。

学力が低い子供がゲームをたくさんやっているだけかもしれませんし、たまたま偶然そのような結果になったということかもしれません。

たとえば、広告宣伝の結果を上司に報告することになったとします。

「今回実施した大規模な広告宣伝の結果、1か月で売上が20％アップしました。来月は、今回の結果を踏まえ2倍の広告宣伝を行いたいと思います。その結果売上の40％アップが見込まれます」

この報告では、広告を行った結果20％の売上アップが実現したと決めつけていますが、必ずしもそうとは言い切れないでしょう。これまでの地道な営業活動がやっと実

を結んだのかもしれません。たまたまニーズのあった時期だった、という可能性もあります。または、広告宣伝を含めそれらの原因がうまく重なった結果かもしれないのです。

上司に報告する際にはこうした点を踏まえ、「原因と結果」に限らず「目的と手段」「結論と根拠」など、情報の関係性を整理しておきます。

また、もし収集した情報を整理する段階で不足があることがわかれば、改めて情報を集め直すなどしてから、報告するように心がけてください。

上司にわかりづらい報告をしていませんか？

NG

情報の関係性を見極めないまま報告する

相関関係、因果関係など、情報と情報の関係性を見極めることなく、得た情報をそのまま報告してもうまく伝わりません。

OK

得た情報を整理してから報告する

報告する前に、情報の「原因と結果」「目的と手段」「結論と根拠」などを明らかにします。不足する情報があれば再度収集し、情報同士の関係性をはっきりさせます。

2 報告しにくくなるような、あいまいな指示をもらわない

上司に報告する際に「緊張してしまい、うまく説明できなくなってしまう」という悩みは、実は多くのビジネスパーソンが抱えています。

上司との間にコミュニケーション上の問題を抱えている、あるいは目上の人と話をするだけで委縮してしまう、といった理由はもちろんあるでしょう。

でも、一番大きな原因は、「**報告すること自体に自信が持てない**」ということなのです。

なぜ、報告に自信が持てなくなるのか

では、どうして報告することに自信が持てないのでしょうか？

報告するまでの手順は、「①上司から指示を受ける」→「②仕事をする」→「③上司に報告する」という流れで進みます。ということは、このどこかの段階で不安を抱

えていて、自信が持てなくなっているのです。具体的には次のような不安です。

①指示を受けるときの不安
指示はもらったものの、上司の意図をきちんと理解しているか不安がある。

②仕事の内容に関する不安
仕事がうまく進まず、ネガティブな報告内容になってしまうため不安がある。

③報告するときの不安
正しい報告、わかりやすい報告ができるかどうか不安がある。

あいまいな指示が適切な報告を妨げる

一般的に仕事は、上司から指示を受けるところから始まります。そして、部下は指示された内容に基づいて仕事をし、報告をすることになります。

そこで、まずは上司からあいまいな指示をもらわないことが大切です。

上司から、どんな報告（説明）をすればいいのか、しっかり指示を受けてください。

あいまいな指示を受けると、報告の時にまで尾を引きます。その結果「こんな説明でいいのかな？」と不安を抱えることになり、それが緊張につながってしまうのです。

「指示を受ける」のではなく「指示を引き出す」

上司も人間です。ですから、上司からの指示が常に完璧だとは思わないほうがいいでしょう。指示を出す際にヌケモレだってあります。

上司からの指示があいまいだったために、あなたの仕事は中途半端なものになり、その結果自信のない報告をしてしまう。そして、さらに上司から叱られてしまう——。このような状況は絶対避けなければなりません。

そうならないためにも、**「上司から指示を受ける」のではなく、「上司から指示を引き出す」という感覚を持ってもらいたいのです。**上司の指示は、あなたが仕事をするための説明書ですから、上司任せにするのではなく、自分自身で責任を持つべきなのです。

たとえば、次のような指示の受け方はどうでしょう。

「○○さん、明日の会議で使う資料なので、この書類の内容をまとめておいてほしい。

頼んだよ」――こう言い残して上司は外出してしまいました。

あなたは「はい、わかりました」と返事はしたものの、具体的にどのようにまとめていいのか全くイメージがつきません。

上司の指示の仕方にダメな部分があることはもちろんですが、指示の受け方としてもＮＧです。

指示を受ける時に、ゴールイメージを持つ

この場合でいえば、「はい、わかりました」と返事をした後に、その場で上司にいくつか質問することで、明確な指示を引き出します。

「いつまでに完成すればよろしいでしょうか？」

「ワードでまとめますか、それともパワポがよろしいでしょうか？」

「データでお送りしますか、それとも印字した紙をお持ちしますか？」

「前回はＡ４用紙１枚に収めましたが、今回も同じでよろしいでしょうか？」

ほかにも、中間報告するべきかどうか、手伝ってもらえそうな人がいるかどうか、仕事の手順・進め方に具体的な指示があるかどうか、といったことを確認します。

要は、**上司から指示を受けるその場で、報告というアウトプットのゴールイメージを持つようにします。**そうしないと、不明な点を後から確認しなければならず、時間がかかります。それに、何よりゴールイメージがついていれば、自信を持って仕事を進めることができます。

■指示を受ける時のポイント

上司から指示を受ける時のポイントは次の4つです。

ポイント1 **呼ばれたら返事をするなど、指示を受ける姿勢を作る**
ポイント2 **指示された内容を真剣に聞き、ヌケモレなくメモを取る**
ポイント3 **その場でゴールイメージが描けるように、疑問点などを質問する**
ポイント4 **聞き漏らしや誤認がないか、メモした内容を復唱して確認する**

この基本を押さえておけば、指示を受ける段階での不安はなくなります。

上司からの指示を適切に受けていますか？

NG

上司からの指示の疑問点をそのままにしておく

上司からの指示の疑問点をそのまま放置しておくと、報告の際にもうまく説明することができなくなります。

OK

上司からの指示の疑問点はその場で解消しておく

上司からの指示を受ける時に、事後の報告の場面のイメージまで描けていれば、その場であいまいな箇所をつぶしておくことができます。

3 結果を報告する際の手順

言うまでもなく、仕事は指示に始まり報告で終わります。つまり、指示を受けるところから仕事はスタートし、結果を報告（説明）することで完了するのです。

ですから、**結果報告することは、ビジネスパーソンにとっては日常的に行っている仕事の一部だといえます。**

では、上司が望む結果報告のやり方について見ていくことにします。

いきなり報告しない

ある営業パーソンの報告の場面です。

部下：「課長、決まりました！　やりました！　Ｚプランを契約できました！」

上司：「何だ、いきなり。後にしてくれ」

このように、いきなり結果を報告されても上司は困ってしまいます。

まずは、何に関する話なのかを伝えてください。

「〜について、報告があります」

「〜について、相談したいことがあります」

「〜について、伝えたいことがあります」

こうすることで、上司は今話を聞くべき内容なのか、改めて時間を割くべき内容なのかを判断することができます。

そして、次に上司の都合を確認します。

「今、お時間よろしいでしょうか？」

「5分ほどお時間をいただけますでしょうか？」

「お忙しいようでしたら、改めてお時間をいただけますでしょうか？」

3分とか5分など、目安となる具体的な時間を示すことができれば、より都合が確認しやすくなります。上司は「3分くらいなら、今聞こうか」といった判断ができるからです。

それに部下本人としても、自分で「3分」などとデッドラインを設けた以上、時間内に何とかわかりやすく説明しようと考えるようにもなります。

■「何の報告か」→「結論」→「今後の展開」の順に話す

結果報告では、次の3つのステップを踏むことで、上司にとって聞きやすく、しかもわかりやすい説明になります。

ステップ1　何の報告なのかを話し、都合を確認する
ステップ2　最終的な結論を話す
ステップ3　今後の展開について話す

まず何の話か伝え、上司の都合を確認した後は、報告で一番重要な結論を話します。その後、今後の展開について話をするといった順番です。

先ほどのZプラン契約の報告であれば、次のようになります。

部下：「課長、A社訪問の件でご報告があります。今、お時間よろしいでしょうか？」
上司：「いいよ、聞こうか」
部下：「ありがとうございます。本日A社を訪問した結果、無事にZプランでの契約となりました。サービス開始は来月からとなります。また、併せてサポートサービスについても検討いただくことになりました。こちらについては、引き続きフォローしていきたいと考えています」

上司：「おめでとう！　よかったな。引き続き頼んだぞ」

部下：「はい、がんばります！」

とてもスムーズな報告で、これなら上司もストレスなく聞いてくれます。

そしてこの後、上司から「今後どんなフォローをしていくのか？」などの質問があれば、一つひとつ丁寧に答えていくことになります。

以上は報告する内容が良い結果の場合ですが、もちろん悪い内容の報告であっても順番は同じです。

誰でも悪い内容の報告はしたくありません。でも後回しにすることなく「契約できませんでした」「ミスをしてしまいました」など、しっかりと報告するようにします。そうしないと、いつまでたっても仕事が完了したことにはなりませんから。

仮に仕事が失敗したとしても、しっかりと報告できる人を上司は評価します。仕事を最後までやりぬく人が信頼され、次の仕事も任せてみようと思ってもらえます。仕事でも「終わり良ければすべて良し」ということがいえるのです。

苦労話、自慢話、言い訳はＮＧ

しかし、注意が必要なこともあります。特に良い内容の報告の際に注意すべきなのは、苦労話や自慢話です。うまくいったことなので、つい口数も多くなりがちです。

「契約できました。それにしても、今回の契約は苦労しました。なかなかアポイントが取れずにやっと面談できたと思ったら……。これで、3か月連続で5件の受注が取れてよかったです。成功した最大のポイントなんですけど……」

言いたくなる気持ちはわかりますが、上司から「大変だったことは?」「うまく受注できた要因は?」と聞かれるまで自分の苦労話や自慢話は控えましょう。

一方、悪い内容の報告の際に注意が必要なことは、言い訳です。

「契約できませんでした。話は順調に進んでいたのですが、途中から担当者の上司も話に加わりました。この上司の方がとてもネガティブで、うちのサービスの欠点ばかり指摘するんです。それに……」

上司から聞かれてもいないのに、このような根拠が不十分で主観的な意見を述べることは避けたほうがいいでしょう。

上司に結果を伝える時の手順

NG

手順を意識せず、言い訳などの無駄な報告が混じってしまう

いきなり報告を始めたり、上司から聞かれてもいない苦労話や自慢話、言い訳をしてしまうと、上司にとってわかりづらい報告になってしまいます。

OK

「何の報告か」→「結論」→「今後の展開」の順に説明する

この順番で結果報告することで、上司が知りたい情報を、簡潔にわかりやすく説明することができます。

4 途中経過を報告する際の手順

前項で述べたように、結果を報告するのは言うまでもなく大事なことです。でも、途中経過の報告は、実はそれ以上に大事なことなのです。

うまくいっていない仕事であったならば、最終的な結果として「失敗しました」と報告する前に、「今のところ、うまくいっていません」と途中の経過を正直に報告し、理由を説明しましょう。**途中経過を報告することによって上司からの次の指示を仰ぐことが可能となり、ミスや失敗を事前に防げる可能性が高まります。**また、思い通りに仕事が進んでいなかったとしても、途中で軌道修正することができます。

途中経過を報告する順序

途中経過の報告は、前項で紹介した結果報告の3つのステップ（62ページ）に、もう1つ「経緯や理由の説明」が加わります。このように経緯や理由を詳しく報告することで、上司から具体的なアドバイスがもらえるようになります。

ステップ1　何の報告なのかを話し、都合を確認する
ステップ2　現時点での結論を話す
ステップ3　これまでの経緯や理由について話す
ステップ4　今後の展開について話す

再び、前項で紹介したZプラン契約の報告であれば、次のようになります。

部下：「課長、A社訪問の件でご報告があります。今、お時間よろしいでしょうか？」
上司：「いいよ、聞こうか」
部下：「ありがとうございます。本日A社を訪問しましたが、まだ契約には至っていません。理由は、P社から同様のサービスを提案されているので、少し検討したいということなのです。そこで、私としては、まずP社のサービスとの比較を徹底的に行い、再度提案しようと考えています」
上司：「そうか、わかった。では、まずP社との比較をしたうえで、その後私とミーティングしよう。そこで、具体的にどういう再提案するか一緒に考えよう」

部下：「ありがとうございます！」

このように、途中経過について報告すると、上司の力を借りてリカバリーできる可能性が高くなります。

■悪い内容の報告は1秒でも早く

途中経過報告を行うタイミングですが、とりあえずは上司と前もって決めていた時期に行うようにしましょう。仮に1か月程度かかる仕事であれば、中間地点である2週間後に前もって行うことを決めておくなどが考えられます。

それから、予定外のことが起きた時にも報告します。想定以上に良いこと、逆に想定以上に悪いこと、あるいは想定範囲を超えた出来事が起きた時などです。

悪い内容の報告をしなければならないことも多いはずですが、**ほとんどの上司は悪い内容の報告のほうが関心があります。**

ですから、悪い報告は1秒でも早く報告してください。その結果、叱られたり、あなたの評価が下がることもあるかもしれません。でも、それは一時的なものです。**長い目で見れば、悪い報告は大きな失敗をする前に軌道修正できるいい機会なのです。**

仕事の途中経過を報告するときは？

NG

良い内容ばかり報告する

途中経過の報告で、良い内容については時間をかけて説明し、悪い内容については流すようにサラッと説明してしまっては、悪い内容に対するリカバリーができません。

OK

悪い内容こそ早く報告する

悪い内容の報告の場合は特に、「何の報告か」→「結論」→「経緯・理由」→「今後の展開」の順番で説明することで、上司から適切なアドバイスがもらいやすくなります。

5 上司に丸投げの相談はしない

日々の仕事をこなしていく中で、誰かに相談するということはよくあります。**相談とは、判断に迷うことや、一人では解決できない問題を解決するために、上司や先輩などからアドバイスをもらうことです。**そのためには自分の置かれている状況や考えなどをきちんと説明する必要があります。あなたが自信を持って仕事に取り組むためには、上手な相談は不可欠です。

丸投げな相談ではアドバイスはもらえない

部下が上司に相談している場面です。

部下：「○○社に提出する企画書の件ですが、先方からは今週の金曜日中に提出してほしいと言われています。そこで、どのような企画書を作成すべきか悩んでいます。課長、どうしたらいいでしょうか？」

上司：『どうしたらいいでしょうか？』って。君はどんな企画書がいいと思っているの？」

部下：「私ですか。え～と、いや……」

完全に自分の取るべき対応の判断を上司に丸投げしています。「私にはどうしていいのかわからないので、課長何とかしてください！」という態度で、この相談からは部下のやる気は全く感じられません。

これでは上司としても、相談に乗ってあげよう、いいアドバイスをしてあげよう、という気にはなりませんね。ここまで極端ではないにしても、このような傾向の人を見かけることはよくあります。

先日もある企業で、中堅社員向けのコミュニケーションの研修をしていました。すると、休憩時間に何度も私のところに相談に来る受講者がいました。上司と後輩に挟まれて、コミュニケーションに悩んでいるというのです。

そして相談の際に、私に対して何度も「どうしたらいいでしょうか？」というフレーズを使っていたのです。

おそらく、わらをもつかむ気持ちで相談しているのだとは思います。でも、特に自分の考えを話すわけでもなく、同じフレーズを連呼してくるのです。
さすがに「あなたの考えはないのですか？」と聞きたくなってしまいましたし、もっといい相談の仕方があるのにとも思ってしまいました。

■自分の考えを持って相談する

次の4つのステップを踏んで相談することで、相手は快く相談に乗ってくれます。

ステップ1　何の相談なのかを話し、都合を確認する
ステップ2　現在の状況について話す
ステップ3　自分なりの考えを話す
ステップ4　相手に意見やアドバイスを求める

先ほどの企画書の例であれば、このように相談するといいでしょう。

部下：「課長、○○社に提出する企画書の件でご相談があります。5分ほどお時間よろしいでしょうか？」
上司：「今ならいいよ、どうした？」

部下：「ありがとうございます。先ほど先方の担当者と話をした結果、企画書を今週の金曜日中に提出してほしいと言われています。そこで、どのような企画書を作成すべきか悩んでいます。私なりに考えた企画案がこちらになります。課長のご意見をいただけますでしょうか？」

上司：「そうか、わかった。なるほど、ポイントを押さえた企画になっているじゃないか。あとは、△△について具体的な数字を入れるともっと良くなるはずだ」

部下：「ありがとうございます！」

相談の基本は「私の考えはこうです。この考えに対して、どうかアドバイスをください」というものです。まずは、あなたの考えや答えをしっかりと述べたうえで、でもそれが本当にいいものなのか自信がない。だから助けが必要です。どうか教えてくださいーーー。こういうスタンスが大切なのです。

■改めて時間を割いてもらうことも考える

報告などに比べて、相談には時間がかかる場合があります。ですから、相手の都合を確認する際、今時間をもらうというより、改めて時間を割いてもらいたいということを伝える必要もあります。

「今、よろしいですか？」「5分お時間いただけますか？」ではなく「〇〇の件でご相談があります。改めてお時間いただけますでしょうか？」と確認します。すると、相手は〇〇の件なら2、3分で終わるから今話を聞こうとか、じっくり相談に乗る必要があるので、改めて時間を割こうなどと判断してくれます。**相談は相手にとっても負担のかかること**なので、相手に対する配慮が特に必要です。

相談しっ放しにしない

相談は、いいアドバイスがもらえたことで終了するものではありません。

あなたにとっては、アドバイスをもらえたことで相談は終わりかもしれません。しかし、相手は違います。自分のアドバイスは役に立ったのか、あなたの抱えている問題は解決したのか、ということを気にしています。

ですから、**相談に乗ってくれた相手には必ず結果を報告するようにしてください**。「ありがとうございます。おかげさまで、うまくいきました」と報告があれば、相手も「またいつでも相談に乗ってあげるよ」という気持ちになります。

決して相談しっ放しにはしないでください。

上司への適切な相談の仕方は?

NG

自分の考えもなく、ただ相談する

「どうしたらいいでしょうか?」と自分では何も考えず、ただ解決策を教えてほしいというスタンスでは、他力本願で丸投げの印象を与えてしまいます。

OK

現状や自分の考えなどをまとめたうえで相談する

「何の相談か」→「現状」→「自分の考え」→「アドバイスを求める」――この順番で相談することで、相手は気持ちよく相談に乗ってくれます。

6 「3つあります」と最初に宣言する

「説明はとてもわかりやすいのに、なぜか話の内容が記憶に残らない」という人がいます。説明を受けたその瞬間は理解できたのに、少し時間が経つと忘れてしまう。結局、わかりやすい話だったというイメージだけが残っている状態です。

上司に対する報告の場面でも、次のような説明だったらどう感じるでしょうか？

「わが社の売上アップに向けて、営業部門としてはまず新規開拓に力を入れていきたいと考えています。なぜなら……。次に、既存客の深耕も大事なポイントです。なぜなら……。さらに、休眠客の掘り起こしも必要だと感じています。なぜなら……」

これなら上司の頭の中にすんなりと入ってくるように感じられますし、なかなかわかりやすい説明だと評価されるかもしれません。

しかし、せっかくわかってもらえたとしても、この説明の仕方では記憶に残りづらく、明日には忘れられてしまう可能性が高いのです。

「3点要約法」で話を構成する

わかりやすくて、なおかつ相手の記憶にも残りやすい説明の仕方があります。それは、話の最初に「3つあります」と宣言してしまう方法です。

先述（26ページ）した、全体像を話してから詳細説明に移るという手法の一つで、**「3点要約法」**といいます。相手の頭の中を3つのボックスで区切ることで、聞く準備をしてもらうわけです。**わかりやすく、かつ相手の記憶に残るためには、3つくらいに絞るといいのです。**

「わが社の売上UPに向けて、営業部門としては3つの点に力を入れていきたいと考えています。1つ目は新規開拓です、なぜなら……。2つ目は既存客の深耕です、なぜなら……。3つ目は休眠客の掘り起こしです、なぜなら……」

いかがでしょうか？　このように「3つあります」と宣言してから話を始めること

で、全く違った印象になります。

よりわかりやすい説明になりましたし、「1つ目・2つ目・3つ目」と区切ることで、相手の記憶にも残りやすくなります。

■相手の心構えを作る

だらだらと話が続くのとは違い、最初に3つ説明すべき点があると宣言することで、相手は「3つくらいなら聞いてもいいかな」という気になります。

相手は心構えができることで、話に集中してくれますし、余裕を持って最後までじっくりと話を聞いてくれるでしょう。結果として、相手の記憶にも残る説明になるのです。

上司への報告の場面であればなおさらです。

上司は常に忙しいものです。ですから、あまり長い話は聞きたくないと思っています。「上司の貴重な時間をもらっている」という意識で、3点要約法を使うなどして、簡潔明瞭な報告を心がけてください。

説明のポイントを最初に絞り込んでいますか？

NG

説明が終わった後にやっと全体像が見えてくる

だらだらと話が続き、すべて話が終わった後で、ようやく全体像がはっきりと見えてくるような説明では、相手にとって記憶に残りません。

OK

全体像をあらかじめ示してから説明する

最初に「3つあります」と宣言することで、説明の全体像を示すことができます。そのため、相手にとってわかりやすく、記憶にも残りやすい説明になります。

7 ヌケモレのある情報を基に説明しない

私たちは誰でも好き嫌いがあり、得手不得手もあります。ですから、興味関心のある情報や、自分が得意とする分野の情報は簡単に集まります。

しかし、興味関心のない情報や、あまり得意ではない分野の情報については、無意識のうちに避けてしまい、なかなか情報が集まりません。

上司：「君の企画がいいことは十分理解できた。ところで、コストはどのくらいかかるんだ？　企画書には書いてないけど……」

部下：「あっ、これから検討する予定です」（まずい、そこまで考えてなかった……）

企画の良さを説明することに精一杯で、コストについて十分な情報収集ができていなかったのです。**情報に偏りやヌケモレが生じてしまうと、相手を納得させることが**

できなくなってしまいます。

「5W2H」で情報を扱う

情報を集める時も、相手に説明する時も「5W2H」を意識します。そうすることで、ヌケモレのない、わかりやすい説明をすることができるようになります。

When（いつ）：年月日、期間、期限、納期
Where（どこで）：場所、位置、住所、空間
Who（誰が）：対象者、相手、該当者、担当者、責任者
What（何を）：対象物、対象内容、依頼用件、報告内容
Why（なぜ）：理由、目的、意図、根拠
How（どのように）：方針、方法、手段、施策
How much（どれだけ）：程度、数量、金額、コスト

5W2Hは情報を扱う際の基本であり、とても重要なフレームワークの一つです。

このように、ヌケモレがなく、かつダブリもない状態のことを「MECE」（Mutually

Exclusive and Collectively Exhaustive）といいます。

たとえば次の文は、とある会社の東京本社の〇〇部長が大阪支社を視察した状況を説明したものです。短い文ですが、5W2Hを使って説明しているため、簡潔でわかりやすくなっています。

「昨日、東京本社の〇〇部長が大阪支社を視察しました。新しく導入した△△システムの運営状況を確認するのが目的です。部長は時折メモを取りながら、1時間ほど視察を行いました」

When：昨日
Who：東京本社の〇〇部長
Where：大阪支社
What：視察
Why：△△システムの運営状況の確認
How：時折メモを取りながら
How much：1時間ほど

ヌケモレのない情報の伝え方

NG
偏った情報を基に説明する

自分が興味関心のある情報や、得意とする分野の情報だけでは情報に偏りが生じます。その結果、ヌケモレが出てしまい、相手にとって納得しづらい説明になってしまいます。

OK
5W2Hで情報をチェックしてから説明する

情報の偏りを防ぐためには5W2Hが有効です。また、情報をMECE（ヌケモレなし、ダブりなし）に整えることで、相手にとって納得しやすい説明になります。

8 事実と臆測が混ざった説明をしない

「ここに、甘くておいしそうなイチゴが10個あります」

これは事実でしょうか？

「イチゴが10個ある」というのは事実です。しかし「甘くておいしそうな」というのは臆測です。甘くておいしそうに見えるだけで、実際には食べてみないと、事実かどうかわかりません。それに、そもそもおいしいかどうかは個人の味覚により異なります。

イチゴは甘くておいしい、という固定観念があるのでしょう。このように**私たちは自分の臆測や意見を、まるで事実かのように話してしまうことがよくあります。**

事実とそうでないものをきちんと分ける

事実とそれ以外の情報は区別して伝えるようにします。

事実は客観的なものであり、変えることはできません。しかし、それ以外の情報は臆測・判断・感想・意見・想像・予想などであり、人によって評価の仕方が異なります。つまり、主観で決まるのです。

では、先ほどのイチゴの場合、どのように話をすればいいのでしょうか？

「ここにイチゴが10個あります。このイチゴは甘くておいしそうに見えます」

こうすることで、事実とそれ以外の情報が区別され、わかりやすくなりました。

話の中に、臆測・判断・感想・意見・想像・予想が入っていても構いませんが、事実と混在するとわかりにくくなるということなのです。

「事実情報」→「それ以外の情報」の順に伝える

事実とそれ以外の情報をまとめて上司などに説明する際には、まずは事実を伝えます。その後であなたの臆測や意見などを伝えるようにします。**「事実情報」→「それ以外の情報」という順に話をすることで、情報が区別され、わかりやすくなります。**

たとえば、顧客であるA社の業績が悪いという噂話を聞き、このままでは倒産するかもしれないと、あなたが考えたとします。

あなたは、上司にどのように説明しますか？

「A社は業績が悪いので、倒産するかもしれません」

この説明は当然NGです。A社の業績が悪いというのは噂話です。また、倒産するかもしれないというのも個人の予想にすぎません。


ここでの事実情報は何かというと、「A社の業績が悪い」という噂話を聞いたことです。ですから、この事実情報をベースにして、次のように説明するといいでしょう。

「A社の業績が悪いという話を○○さんから聞きました。あくまで私見ですが、もしその話が本当なら、倒産の可能性もあるかと思います」

このように、事実情報と、それ以外の情報を区別することで、誤解のないわかりやすい説明になります。

事実とそれ以外をきちんと分けていますか？

NG

主観を事実のように説明する

事実情報と、臆測・判断・感想・意見・想像・予想などの主観が混在すると、わかりづらい説明になります。説明を受けた上司も判断がしにくくなります。

OK

「事実情報」→「それ以外の情報」の順に分けて説明する

まず、事実情報を説明します。次に、その事実情報を補足するために、自分の臆測や意見などを説明することで、上司も誤解なく理解することができます。

9 ビジネスライクな説明だけで終わらない

ここまで結果報告の手順、途中経過報告の手順、相談の手順など、上司への適切な説明の仕方について具体的に見てきました。こうした手順に沿って説明することで、簡潔でわかりやすい話になりますが、さらに一歩踏み込んだ説明の仕方も身につけておくといいでしょう。

説明のゴールの一つは「納得したうえで、あなたの意図する行動をしてもらうことである」というのは、本書の「はじめに」などでもお話ししました。つまり、説明によって相手を説得するということです。

人は感情によって行動が左右されます。そして上司は人です。ということは、上司も感情に左右されて動くこともあるわけです。ですから、ビジネスライクな説明だけでなく、**時には「上司の感情に訴える説明をする」ということも考えてみてはいかがでしょうか。**

DESC法で論理的、かつ感情にも訴える説明をする

上司など普段からかかわりのある人や、親しくしている相手に対しては、次に紹介する「**DESC法**」を使って説明すると効果的です。この頭文字の順に説明することによって、相手の感情に訴え、共感を得ることができ、あなたの説得を受け入れてもらいやすくなります。

Describe（描写）：客観的な事実や状況を伝える
Empathize（共感）：自分の意見や考え、気持ちを語る
Specify（提案）：解決策や改善策などの提案をする
Choose（選択）：肯定・否定の両面から選択を促す

まずは、（D）相手に客観的な事実や状況を伝えます。さらに、（E）私の意見や考え、気持ちを語ります。ここで相手の感情に訴え、共感を得るのです。

その後、（S）今できる解決策や改善策などの具体的な提案を行います。そして最後に、（C）提案を受け入れた場合と、受け入れなかった場合の結果の違いに触れる

ことで、相手に選択を促します。

たとえば、ある営業パーソンが、上司である課長に同行訪問を依頼する場面であれば、次のようになります。


D（描写）「○○社との契約まで80％の段階で、あと一歩です」

E（共感）「何としても、契約を結んでチームに貢献したいと思っています」

S（提案）「そこで、ぜひ課長に同行訪問していただき、もう一押ししたいのです」

C（選択）「同行していただければ、○○社との契約にさらに近づくことができます」

「でも、同行が難しいようなら、時間はかかっても自力で頑張りますが……」

〝I〟メッセージで相手の共感を得る

ここでのポイントは「チームに貢献したい」という自分の意見、考え、気持ちを話すことで、上司の共感を得ることです。「あなたは……」という〝You〟メッセージではなく、「私の気持ちは……」という〝I〟メッセージを使います。

相手の感情に訴えることによる効果は絶大です。**「説得」に「感情」が加わることで「納得」に変わります。**

感情を交えた説明で上司を動かす

NG
淡々と理路整然とした説明に終始する

簡潔でわかりやすい説明になっていても、感情に訴えなければ、相手に行動を促す「納得」のレベルまではなかなかいきません。

OK
感情に訴えるような話し方をする

人は感情の生き物です。相手の感情に訴え、共感を得ることで、あなたの話は受け入れてもらいやすくなります。

☑ Check 上司を納得させる説明のためのセルフチェック

□ 「結論と根拠」など、情報のつながりを意識して説明しているだろうか？

□ 報告の場面では、結論を話す前に「何の報告なのか」を伝えているだろうか？

□ 相談の場面では、自分の考えを伝えてからアドバイスをもらうようにしているだろうか？

□ 「3つあります」など、最初に全体像を話してから説明を始めているだろうか？

□ 5W2Hを意識した、ヌケモレのない情報を説明しているだろうか？

□ 事実情報とそれ以外の情報を、しっかりと分けて説明しているだろうか？

第3章

顧客や取引先に納得してもらう説明の仕方

1 難しい言葉や専門用語で説明しない

次のやりとりは、取引先に対して、何やら説明している場面です。

「今回の企画について詳しくご説明します。まずは、オルタナティブ投資のカテゴリーに属する今回のストラテジーは、いわばアンチテーゼとしてプロダクト化されたものです。そこで、シュリンクしているマーケットにおいて、デファクトスタンダードを目指すという……」

「あの、申し訳ないけど、もう少しわかるように説明してくれませんか……」

このような説明では、相手は何のことなのか全く理解できないでしょう。

仮に社内では当たり前に使われている言葉でも、取引先にはわかりづらいこともあります。ですから、相手にとってわかりやすい言葉に言い換えることが必要です。

特に、カタカナ言葉、専門用語、業界用語、社内用語には注意しましょう。

わかりづらい用語は、別の言葉に言い換える

本来であれば、相手に対してわかりづらい用語は使うべきではありません。しかし、正確な情報を伝えるためには、業界用語などを使わざるを得ないこともあります。

そのような時には「つまり～ということです」「別の言葉に言い換えると～」など、わかりやすい言葉で言い換えるように努めましょう。

たとえば、書店で本を陳列する方法として「平積み」と「面陳」というものがあります。業界以外の人にとっては、あまりなじみのない言葉かもしれません。

そこで、そのような人に書店での陳列方法について話をするとしたら、次のように「つまり～」で言葉を補足するといいでしょう。

「今回の新作ですが、平積みで展開する予定です。平積み、つまり表紙を上にして平らに積み上げていく陳列のことです。また、場合によっては面陳でも展開します。面陳、つまり書棚に立てて表紙を見せる陳列のことです……」

こうして、言葉を少し補足することで相手の理解が進みます。

難しい言葉は、かみ砕いて説明する

相手にとって難しいと思われる言葉については、かみ砕いて丁寧に説明します。新製品のマーケティングを考える際に用いられる考え方に「キャズム（chasm）」というものがあります。もし、説明する相手がマーケティングについて、あまり詳しくない人であれば、キャズムについて、次のように説明してみるといいでしょう。

「この製品を世に出すためには、まずはキャズムを超えなければなりません。キャズムとは、〝溝〟という意味です。初期段階で製品を購入してくれる客層と、その後に追随する客層との間にある溝のことです。この2つの客層は全く違う属性を持っています。そして、この溝を無事に超えることができれば、市場を独占できる可能性が断然高くなります……」

このように、難しい言葉や専門用語はかみ砕いて、できるだけわかりやすい言葉を使って話を進めます。

相手との共通言語で話す

一方で、**顧客や取引先が普段から使っているカタカナ言葉、専門用語や業界用語で**

説明することで、スムーズな意思疎通ができるようになる、ということもあります。

実は、こうした共通言語で話をすることで、相手との仲間意識というか、特別の関係を感じることもできるのです。

たとえば、商品開発に関する取引先とのミーティングであれば、「先日のアンケート調査の結果を報告します。まず、20～34歳までの女性を対象に調査を行ったところ……でした。一方、男性の20～34歳までの調査結果ですが……」といった説明をするのではなく、普段から使っている業界用語を使ったほうが、違和感なくスムーズに進みます。

「先日のアンケート調査の結果を報告します。まず、F1層の結果ですが……、それからM1層については……」

このように、誰に対してどう説明するのかを意識して、言葉を選ぶようにしてください。

共通言語は冒頭のあいさつだけでもいい

相手との仲間意識を強くしたいと思うなら、話の冒頭だけでも共通言語を使ってみるのも一つの手です。

製造業でよく使われる言葉の中に「ご安全に」というあいさつ言葉があります。意味としては「おはようございます」「こんにちは」「お疲れさまです」「お気をつけて」ということであり、社内の廊下ですれ違っても、朝礼でのあいさつでも、あらゆる場面で使われています。

こうしたあいさつを通じて製造業としての安全意識を醸成させていこう、という意図もあって広く使われているのです。


仮にあなたが取引先の製造会社の社員に対して、業務連絡をすることになったとします。その場合には「こんにちは、○○会社の△△です」と始めるのではなく、「ご安全に、○○会社の△△です」と始めてみると、あなたに対する見方は違ってきますし、その後の連絡もスムーズに進むかもしれません。

また、外国人が日本語であいさつしてくれるだけでも、グッと親近感が湧きますよね。あいさつだけでも共通言語を使用する効果は十分にあるのです。

自分が知っている言葉を当たり前のように使わない！

NG

相手の理解度に関係なく専門用語を使う

自分が普段使っているカタカナ言葉、専門用語、業界用語、社内用語を当たり前だと思って、相手の理解度に注意を払わずこれらを使って説明してもうまくいきません。

OK

誰でも理解できる簡単な言葉に言い換えてみる

専門知識や業界知識を持っていない顧客や取引先に対しては、できるだけ簡単な言葉で説明します。「難しい言葉ほどわかりやすく説明する」意識で臨みましょう。

2 あいまいな表現で説明しない

ビジネスにおいて「あいまいさ」はとても危険です。特に、**顧客や取引先に誤解を与えるような、あいまいな表現には気をつけなければなりません。**

「いつものアレでお願いします」といった、あうんの呼吸は通用しないのです。

ある業者からの提案に対して、次のように返答している人がいるとしましょう。

「この間の企画の件ですが、おおよそ納得できるものでした。上司もまあまあ、といった感じでしたし。なるべく早く返事をしたいと思いますが、最近けっこう忙しいので、ちょっと時間をください。後日連絡します」

言いたいことはわからなくはないですが、あいまいさが残り、不快感を覚える人が多いのではないでしょうか。

企画についてどの程度納得できたのか、上司の反応は具体的にどうだったのか、何日後に連絡をするのか、といったことがこの返答ではよくわかりません。

あいまいな表現はしない

「すごく」「やや」「少し」「すぐに」「いつも」「そこそこ」「だいたい」「けっこう」「かなり」「すごく」「たいてい」「できるだけ」「ときどき」――こういった言葉は、いずれも無意識のうちに使いがちです。

人によって解釈が異なる、このようなあいまいな表現を使う場合には、注意が必要です。もし、使わないで済むなら、そのほうがいいでしょう。

先ほどの業者に返答する例では、誤解のない明確な表現を使い、たとえば次のように話を進めます。

「5月10日に提案いただいた○○企画の件ですが、基本コンセプトについては納得しました。上司も同様に納得しています。ただ、企画の一部について、変更してもらいたい点があります。具体的な点については、この後お話しします。また、明日、上司と検討する予定なので、発注するか否かの返事は、2日後にします」

数字で表現する

あいまいな表現にならないためにも、説明ではできるだけ数字を使います。**数字を使って表現できるところは、積極的に取り入れてみるといいでしょう。**

「今日はとても多くのお客様に、来店していただきました」

このような説明では、具体的にどれだけ多いのかが相手にはイメージできません。

そこで、次のように2つの数字を使って説明します。

「今日は300人のお客様に来店していただきました。普段の平日より20％多い来店者数です」

300人という数と、20％多いという数字を使うことで、どれだけ多くのお客様が来店したのかがわかります。

数字を用いることによって話のあいまいさがなくなり、誰でも同じように理解することができます。こうすれば、説明の説得力もアップするのです。

誤解を与えるような表現を使っていませんか？

NG

「だいたい～」「かなり～」

「だいたいＯＫだと思います」「かなり進んでいると思います」と言われても、相手にはどの程度ＯＫなのか、進んでいるのかがわかりません。主観的な説明となってしまいます。

OK

数字を活用するなどしてわかりやすい表現を心がける

人によって解釈が異なる、あいまいな表現は使うべきではありません。誰が聞いても誤解なく理解できるように、明確な表現や、数字を使って説明するようにしましょう。

3 自信のない説明はしない

たとえば、あなたが洋服屋で気に入った服を試着したとします。そこで、店員にこう言われました。

「とてもお似合いだと思います。サイズもちょうどピッタリだと思います。お客様にはこの色が映えそうですし……」

いかがでしょう、「買いたい！」という気になりますか？

では、こう言われたらどうでしょう。

「とてもお似合いです。サイズもちょうどピッタリです。それに、お客様にはこの色が映えます！」

まんざらでもないはずです。思わず「買います！」と言ってしまいそうです。

断定的に言い切ることで信用してもらう

では、なぜ「思います」などと言わず、断定的に言うべきなのでしょうか。

断定的に言い切ることで、自信があるように感じてもらうことができるからです。「そこまで言い切るなら、よほどの自信があるのだろう」と相手は思うのです。

私たちは自信のある人を信用する傾向があります。

逆に「思います」「かもしれません」「そうです」など、グレーゾーンを残した言い方では、自信がなく不安げな印象を相手に与えてしまいます。納得してもらうには、やはり「自信」がとても重要なポイントになるのです。

あえてグレーゾーンを残した言い方をすることも

ただし、断定的な言い方をすることによるデメリットもあります。相手によっては強い口調だと感じられ、「上から目線で威圧感がある」「意見を押しつけられて不快」などと思われるからです。

また、断定しない言い方のメリットもあります。柔らかい口調になり、謙虚で誠実な印象を与えることができるので、相手は穏やかな気持ちで話を聞くことができます。

ですから、相手によって、また場面によって使い分ける工夫も必要でしょう。

冒頭の洋服屋の例を見てみます。試着したということは、自分でもある程度気に入った洋服のはずです。買うことを決断するために、誰か背中を押してくれないかなと、内心では思っているかもしれません。

そのような時に、店員に「とてもお似合いです」と断定的に言われると、その気になるものです。

しかし、プライドの高い人、自分に自信のある人に対して断定的に話をすると、反発されるということも考えられます。

そのような時は、次のように「思います」などの**柔らかい言葉で話をつなぎ、最後に断定的に言い切り、強調することで相手を説得することができます。**

「とてもお似合いだと思います。サイズもちょうどピッタリのようです。そして、なんといっても、お客様にはこの色がとても映えています。間違いありません！」

グレーゾーンを残した説明をしていませんか？

NG

自信があることでも「〜かもしれません」

グレーゾーンを残した説明の仕方では、「自信のない人」「不安げに説明している人」といった印象を与えてしまいます。

OK

自信があることは「〜です」

自信を持って説明できることについては、断定的に言い切ります。そうすることで、相手に信用されやすくなります。

4

時間をオーバーしてまで説明しない

私が研修やセミナーで講師を務める時、一番気をつけていることは何だと思いますか？

「難しい言葉を使わない」「わかりやすく説明する」「短文でテンポよく話をする」「実務で役立つスキルを学んでもらう」「講義や実習で身につけてもらう」

もちろん、どれも気をつけています。

しかし、実は私が一番気をつけていることは、「**時間を守ること**」です。開始時間も終了時間もどちらもです。

限られた時間を守ることがプロ

朝9時開始の研修であれば、たとえ遅刻する人がいたとしても、定刻になったらスタートします。なぜなら、9時開始という約束の時間にあわせて着席している人に迷惑をかけるわけにいかないからです。

同じように、終了時間についても厳守します。受講者の中には研修終了後に予定があり、電車などの時間に余裕がないこともあります。ですから、必ず定刻には終了するようにします。1分でも超過することはしません。

「もっと伝えたい」「わかってもらいたい」「教えてあげたい」という思いが強くなると、時間を忘れて一生懸命に話をしてしまいます。しかし、それは伝える側の理屈であって、受ける側にとっては、時間を過ぎてしまうと迷惑になることもあるのです。

時間をオーバーしてまで説明することはせず、**限られた時間の中で簡潔に説明することが重要**です。

特に、相手が顧客や取引先であれば、なおさらです。オーバーすることで、その分、相手の時間を奪うことになってしまいます。商談などに対してもらえる時間はそう多くはないかもしれませんが、時間にこだわった説明を心がけてください。

■30秒でも相手を説得できる

「エレベーターピッチ」という言葉があります。

もともとは、ある起業家がエレベーターに同乗していた投資家に対して、わずか30秒の間に自分の事業プランをプレゼンして、投資家から必要な資金を獲得したという話に由来します。

30秒で話せる内容となると、250文字程度の文字量です。それだけで投資家を動かすのですから、よほど説得力のある説明でなければならないでしょう。

もちろん、すべての説明が30秒で済むはずもありません。しかし、30秒や1分という短い単位での説明を意識することで、より簡潔に説明できるようになります。

「説明の時間」を守ることを心がけていますか？

NG

伝えたいことは時間をオーバーしてでも説明する

伝えるべき内容をすべて説明しようという気持ちが先行してしまうと、自分に与えられた時間を意識することなく、時間をオーバーしてしまいます。

OK

制限時間内で工夫して説明する

1時間もしくは1分という単位でも、限られた時間を意識して、簡潔に説明をします。コンパクトになる分、相手にはかえってわかりやすくなります。

5

PREP法を活用して具体例を入れて説明する

ある営業パーソンが、顧客に対して新商品の提案を行っているところです。

「……ということで、こちらの新商品をご提案いたします。なぜなら、今までの商品に比べて性能が20%もアップしているのです。それにもかかわらず、価格は据え置きで大変お得です」

結論＋理由という流れで提案していますし、悪くない構成です。でも、今一つ説得力に欠けると思いませんか？

PREP法で話を構成する

相手を説得する場合、次のように話を構成することで、格段に説得力を上げることができます。

Point（結論）→Reason（理由）→Example（具体例）→Point（結論）

これを「PREP法」といい、それぞれの単語の頭文字をとった言葉です。

まず、説明のセオリー通りに結論から話を始めます。次に、その結論に至った理由を話し、さらに、その理由を裏付けるための具体例を話すのです。理由の後に具体例を続けることで、言葉を変えて理由を二度説明することになります。

ここでの具体例というのは、「過去に実際にやったこと」「ほかの誰かがやったこと」などの実例がいいでしょう。

最後に、もう一度結論を話してプッシュすることで決断を促します。結論を最初と最後に話すことで、より強調することができます。

P「こちらの新商品をご提案いたします」
R「今までの商品に比べて性能が20％もアップしているのです。それにもかかわらず、価格は据え置きで大変お得です」
E「実は、お知り合いの○○さまにも先日ご購入いただき、とても喜んでいただいております」

P「ということで、ぜひ新商品の購入のご検討をお願いします」

このように説明することで、説得力はかなりアップします。思わず「買います！」と言ってしまいそうです。

■具体例が決め手になる

PREP法では、具体例が一番大事なポイントになります。**相手がイメージしやすい具体例を話すことで、理解も進みます。**たとえば、〝相手の知り合いの○○さん〟を引き合いに出すことで、相手は「購入してもいいかもしれない」という気になるのです（もちろん、○○さんには事前に了解を得ておく必要があります）。

その一方で、具体的な実例であったとしても、相手にとってイメージしにくいものもあります。

「実は、弊社のアメリカ支店でも同様の商品を扱っており、先日新規のお客様にご購入いただき、とても喜んでくださっています」

このように言われても、本当かどうかの確認もできませんし、あまり実感が湧きません。やはり、知り合いの○○さんの実例だからイメージしやすいのです。「あの目利きで知られる○○さんが購入したのなら、間違いなくいい商品だ！」と。

常に「結論から先に話すのがいい」とは限らない

私が若手コンサルタントだった頃に、次のようなことがありました。

あるクライアントに対して、コンサルティングの提案を行うことになったのです。経営計画策定の支援を行うコンサルティングで、期間は10か月、コンサルティングフィーは数百万円という単位でした。

私は企画書を作りクライアントを訪問しました。そして、社長に対してこう切り出したのです。

「本日は、御社の経営計画策定支援の企画をお持ちしました。結論から言いますと、期間は10か月、コンサルティングフィーが○百万円になりまして……」

すると、社長はいきなり私の話をさえぎり「えっ、そんなに高いの。その金額だと話を聞いても無駄になるので、今回はけっこうです」と言われてしまったのです。

「コンサルタントは結論から話をしなさい」と教えられてきたので、その通り結論から話したはずなのに、企画内容の話をする前に商談終了です。

では、私はどのように説明すればよかったのでしょうか？

まずは、企画を提案する背景や理由を話し、次に他社での具体的な成功実例を話し、最後に企画実施の期間やフィーについて話をする、といった構成で説明をするべきでした。

つまり、**Reason（理由）→Example（具体例）→Point（結論）**の順番ということになります。

このように、**場合によっては結論を最後まで話さず、説明する方法もあります。**これを「**結論後出し法**」といいます。結論・理由・具体例といった要素を、どういう構成で話すのかといったことについては、それぞれの場面で使い分けることが必要だといえます。

PREP法を活用した説明の仕方

NG

結論に至った理由だけを説明する

結論から話をするのは間違いではありませんが、その結論に至った理由や背景だけの話で終わってしまうと、相手にとってあまり説得力のない説明になります。

OK

理由とその具体例を入れて説明する

PREP法を使って結論を2度、理由と具体例を1度ずつ話すことで、相手の印象に残る説得力のある説明になります。

6 3つの理由で説得力のある説明をする

PREP法では、2つの理由（理由と具体例）で説明することで説得力が増します。

さらに、「**1つの事柄を説明するためには、3つの理由（具体例）が必要である**」と言われることもあります。

研修やセミナーなどでは「1つの理由（具体例）を話すと3分の1が理解・納得し、次の理由（具体例）で3分の2が理解・納得する。3つ目の理由（具体例）を話すことで、やっと全員が理解・納得してくれる」とよく言われます。

確かに、私もほぼ同じように実感しています。

「結論＋理由＋理由＋理由」で説明する

たとえば、私が行う問題解決研修では最初に「職場で発生する問題を解決するには、職場内でのコミュニケーションが不可欠です」という話（結論）をします。

そして、その後に3つの理由（具体例）を話します。

1.「そもそもコミュニケーションが取れている相手との間には、問題が発生しません。『言った・言わない』ということもなく……」

2.「また、仮にコミュニケーションが取れている相手との間に問題が発生しても、解決しやすいのです。たとえば……」

3.「さらに、普段からコミュニケーションが取れていれば、問題が発生しても皆が協力してくれます。たとえば……」

このように、3つの理由（具体例）を話すことで、コミュニケーションが不可欠であるということを、受講者は理解・納得してくれます。

もちろん、場合によっては「理由＋理由＋理由＋結論」という順番でもいいでしょう。

帰納法で話を組み立てる

「結論＋理由＋理由＋理由」、「理由＋理由＋理由＋結論」という「1つの結論と、それを支える3つの理由」の構成には、「**帰納法的な思考**」が役に立ちます。

帰納法とは、さまざまな情報や実例を集め、その情報や実例の共通点を抽出して、

一般的な法則を導き出す方法のことです。
たとえば、次のような情報があったとします。

情報1：医薬品メーカーA社は業績好調
情報2：医薬品メーカーB社は業績好調
情報3：医薬品メーカーC社は業績好調

これらの情報（理由）から、「医薬品メーカーの業界は全体として業績好調である」という結論を導き出すことができます。
このような帰納法的な思考を活用して、相手を説得するための、具体例に基づく結論を考えてみてはいかがでしょうか。ただし、情報や事例が少ない場合や、偏りのある情報の場合、説得力に欠ける結論となることがあるので注意が必要です。

説明に説得力を持たせるためには？

NG
結論に至った理由を1つしか言わない

1つの結論に対して1つの理由しか話さないと、相手は十分に理解してくれない可能性があります。

OK
3つの理由を述べて説得力を持たせる

「1つの結論と、それを支える3つの理由」という構成で帰納法的な説明をすれば、相手の理解がより進みます。

7 「くどいけどわかりやすい」説明をする

顧客や取引先からは、「あなたの話は、くどいけどわかりやすいですね」と言われるくらいが理想です。**「くどくてわかりづらい」ではなく、「くどいけどわかりやすい」ということです。**

人の記憶はけっこうあいまい

人は誰でもそうですが、自分の関心のある情報には積極的にアクセスしようとしますし、そのような情報は一度聞いたら忘れません。

たとえば、バスケットボールが好きな人であれば、それに関する情報には常にアンテナを張っているでしょうし、選手の名前などは一度聞いただけですぐに覚えてしまいます。

しかし、特に関心があるわけではない事柄については、自分からアクセスすることもないでしょうし、ちらっと聞いただけではなかなか記憶に残りません。
こうした現象を心理学では「**認知バイアス**」といいます。

説明はくどいくらいがちょうどいい

私は研修などで話をする際、**大事なことについては、短いキーワードにして何度も伝えるようにしています。**

たとえば、新入社員研修であれば、報連相が大事であるということを1日の研修の中で何度も話をします。「報告・連絡・相談できる人が評価されます……」「報連相をすること自体が仕事だと思ってください……」「もう一回言います。社会人の基本は報連相です……」

こうして何度も伝えることで、新入社員は報連相の重要性を理解しますし、記憶にも残ります。これは、相手が顧客や取引先でも同じことです。**微妙に言葉を変えながら、何度も説明するようにしてください。**

また、メールや書面で説明する時も、重要なキーワードは繰り返し伝えるといいでしょう。

……来月7月10日（金）15時より、○○合同会議を開催いたします。

==
日　時：20XX年7月10日（金）15：00～16：30
場　所：弊社会議室A号室
参加者：○○様、○○様、○○様、……
==

○○合同会議は7/10（金）15時開始となります。ぜひご参加くださいますようお願いいたします。なお、ご参加の可否は本メールの件名を変えず、7/1（水）までに返信してお知らせください。

たとえば、取引先に対して合同会議への出席を依頼するメールを出すとします。

この場合、上の文面のように、「7／10（金）15時開始」ということを3度伝えることで、しっかりと記憶にとどめてもらうことができます。

繰り返し説明して記憶に残す

NG
しつこくならないよう、同じワードは2度使わない

「1回説明すれば、相手は理解してくれるだろう」「2度同じことを言うと、しつこいと思われてしまう」と勝手に思い込んでしまうと、結果として相手の記憶に残らない説明になってしまいます。

OK
大切なことは、何度も繰り返し説明する

「あなたの話は、くどいけどわかりやすいですね」と言われるくらい、言葉を微妙に変えて、何度も同じ内容を説明します。そうすれば結果として、その内容が相手の記憶に残ります。

8 文章で説明する場合は「寝かせる」

「肉は熟成するとおいしくなる」と言われます。いわゆる熟成肉ですね。実は、文章も寝かせて熟成させることで、一段とわかりやすい文章になります。

文章は1日寝かせる

私は普段から文章を書く機会が多くあります。雑誌や本の原稿を書いたり、研修で使うテキストの原稿を書いたりしています。

雑誌の原稿であれば、出版社に提出する締め切り日があります。そのような場合、少なくとも2日前までにいったん原稿をすべて書き上げます。そして1日寝かせてから見直しをするのです。すると、必ず修正すべき点が見つかります。

さらに、締め切り日当日にも見直しをします。ここで最終的に原稿をチェックして、文章の不備や、内容にそぐわない表現などを見つけます。こうして何度も見直しをしてから、出版社に原稿を送るようにしています。

決して、「一気に書き上げた文章をその場で見直しただけで完成」ということはしません。一晩以上は寝かせることにしているのです。そうすると、頭の中の情報がいったんリセットされ、新鮮な気持ちで原稿を読み返すことができます。

原稿をチェックする際は、パソコンの画面だけ見て見直すのではなく、できれば紙に印刷してチェックすることをお勧めします。

確かに面倒です。しかし、印刷することでパソコン画面とは少し違った目線で確認することができ、細かいところまで気づくことがよくあります。誤字・脱字などは特にそうです。

さらに、顧客や取引先に提出するような大事な文章であれば、上司など、ほかの人にも見てもらってください。自分とは全く違った視点からチェックされることで、わかりやすい文章になります。

メールもできる限り寝かせる

顧客や取引先からの返信メールを、1日寝かせることは難しいかもしれません。でも、重要な返信であれば、可能な限り時間を置くといいでしょう。

顧客や取引先からメールがあれば、すぐに返信しようと考えがちです。そのため、急いでメールを書くことになります。

簡単な内容ならそれでも問題ありません。しかし、重要なメールを急いで書いたために、文章表現がわかりづらかったり、誤字・脱字に気がつかないまま送信してしまえば、相手の信頼を損ねてしまいかねません。

たとえ誤りが一か所だけだったとしても、受け取った相手はあまりいい気分ではないでしょう。それに、「すぐに対応してくれる人。でも、丁寧な対応ではない。もしかすると仕事が雑な人？」という評価につながりかねません。

ですから、書いたメールをそのまま送るのではなく、いったん「下書き」などに保存してから、時間を置いて見直しするようにしてください。

相手が納得できる文章を書いていますか？

NG

文章作成は早ければ早いほどいい

顧客や取引先に文章、特にメールで返信する時、見直しすることなく送ってしまい、後から誤字・脱字に気がつくということがあります。これでは、相手からの信頼を損ないかねません。

OK

文章を寝かせてわかりやすくする

重要な文章は1日寝かせてから見直しをします。こうすることで気がつかなかった修正点や、新しい発想も湧いてきます。こうして完成度の高い文章を作成します。

Check 顧客や取引先が納得する説明のためのセルフチェック

- □ 相手が理解できないような難しい言葉、専門用語を使わずに説明しているだろうか？
- □ 「だいたい」「とても」などのあいまいな言葉は使わず、数字や明確な表現を使って説明しているだろうか？
- □ 自信のあることは「思います」ではなく、「○○です」と断定的な表現を使って説明しているだろうか？
- □ 与えられた時間を意識して、時間内で終えるように意識して説明しているだろうか？
- □ 1つの事柄を説明するのに、複数の理由（具体例）を使って説明しているだろうか？
- □ 大事なポイントは、何度も繰り返して説明しているだろうか？

第4章

後輩や部下をうまく動かす説明の仕方

1 行動がイメージしにくい指示はしない

この章では、あなたがリーダーの立場で後輩や部下に指示を出すケースでの「説明の仕方」を考えてみましょう。

今まで述べてきたように、説明の目的・ゴールの一つは「相手に行動してもらう」ことです。特に**後輩や部下には、あなたからの指示を納得したうえで、あなたの意図する行動をしてもらうことが重要です**。もちろん、後輩や部下が「指示を受ける」意識ではなく、「指示を引き出す」意識を持って仕事に取り組んでくれれば問題ありません。しかし、そう簡単にあなたの思い通りにはいきません。

他人を変えるのは難しいことです。でも、自分はすぐに変えることができます。まずは、あなたから後輩や部下に対して、わかりやすい指示を出し、動いてもらうことを心がけてください。

してほしい行動を具体的に指示する

「この資料、まとめておいてくれる？」

このような指示では、具体的に何から手をつけていいのか、おそらく後輩や部下にはイメージできないでしょう。

後輩や部下にとって最もストレスを感じるのは、上司からの指示があいまいなことです。ですから、どのような行動を期待しているのかを明確に指示します。ポイントは「**細かく、わかりやすく、動きやすく**」**指示を出すことです。**

「この資料を○○のフォーマットに沿ってA4シート1枚にまとめ、今週の金曜11時までに、メールで送ってほしい。もし途中でわからないことがあったら、△△さんに相談するように……」

このように、いつまでにどんな形でまとめてもらいたいのかなど、明確に指示します。指示を出すのは口頭だけとは限りません。書面やメールで行うこともあるでしょう。口頭で指示を出す場合であれば、わからないことはその場で確認することもできます。しかし、書面やメールでの指示の場合、改めて後輩や部下からの疑問点を確認しなければなりません。後輩や部下に「ちょっとわからない点があるけど、まっいいか。とりあえず自分の解釈で進めてみよう」と判断されてしまっては困るのです。

ですから、書面やメールでの指示の際には特に注意が必要です。

■指示内容を記憶に定着させる

指示した内容を、後輩や部下の記憶に定着させる必要もあります。

そのためには、指示内容をしっかりメモするように促します。文字にすることで、自分の考えがまとまり、ヌケモレがなくなり、疑問点が明らかになるという効果もあります。

また、復唱によっても記憶の定着化が図れます。会話の最後に、あなたが出した指示の内容を後輩や部下に復唱してもらいましょう。

自分の持っている情報を口に出して外に向けて発信しながら自分で聞くことによって、改めてその情報について認識することができます。これを「**オートクライン**」といいます。

後輩や部下への指示は明確に！

NG

大ざっぱな指示でも理解してくれると思い込む

後輩や部下の経験や理解度などを考慮せず、主観で指示を出してしまうと、何をどうしたらいいのかわからず混乱してしまいます。

OK

迷わずに動ける指示を出す

後輩や部下が内容をきちんと理解し、具体的な行動に移せるような指示を出しましょう。常に「細かく、わかりやすく、動きやすく指示を出す」ことを意識するのが大切です。

2 コーチ型リーダーシップで後輩や部下のやる気を引き出す

後輩や部下への指示の仕方には、いくつか方法があります。

前項でお話ししたように、行動が具体的にイメージできるように「細かく、わかりやすく、動きやすく」指示を出す方法はその一つです。

ただし指示は、このように後輩や部下に自分の意図通り動いてもらうだけではありません。自発的な行動を促す場合にも使われます。

ここでは、後輩や部下に自発的に動いてもらうために、「目的＋指示」「目的＋指示＋期待」の順に説明する方法について、それぞれ見ていくことにします。

指示命令型かコーチ型か？

よく言われることですが、リーダーシップスタイルには大きく2つの種類があります。指示命令型リーダーシップとコーチ型リーダーシップです。

「指示命令型リーダーシップ」は、正しく指示を出して、後輩や部下を動かすリーダーシップスタイルのことです。

一方、**「コーチ型リーダーシップ」**は、後輩や部下のやる気を引き出して、動きたくなるように仕向けるリーダーシップスタイルのことです。

どちらかが正しくて、どちらかが間違っている、ということではありません。相手や場面によって使い分けていけばいいのです。

前項で紹介した「細かく、わかりやすく、動きやすく」説明する方法は指示命令型リーダーシップスタイル、ここで紹介する**「目的＋指示」「目的＋指示＋期待」による説明は、コーチ型リーダーシップスタイルといえます。**

「目的＋指示」の順に説明する

明確な指示を出すことで、後輩や部下は具体的なイメージを持つことができ、その後の行動に結びつけることができます。そこで、もう一歩踏み込んで、指示した内容の目的を伝えるといいでしょう。

そうすれば、後輩や部下にとっても、指示されたことを淡々とこなしていくだけでなく、やる気を持って行動することができ、結果は間違いなく良いものになります。

その場合、「目的＋指示」の順に説明するのがいいでしょう。

たとえば、次のように指示されたらどうでしょうか？

「来週の水曜日にA社で新商品のプレゼンを行うことになった。そこで、君にはプレゼンの際に投影するスライド資料を作ってもらいたい。プレゼン時間は15分なので、スライド枚数は10～20枚程度。今週の金曜日11時までに仕上げてほしい。盛り込む内容などは、B社で行ったプレゼンスライドが参考になるから、C君に見せてもらうといい」

とても明確な説明です。指示された通りに進めれば、後輩や部下は間違いなくアウトプットすることができるでしょう。でも、指示された以上のアウトプットにはなりづらいともいえます。

では、指示する前に仕事の目的を伝える「目的＋指示」の順だとどうでしょうか？

「（**目的**）来週の水曜日にA社で新商品のプレゼンを行うことになった。今回のプレゼンでは、これまでにない大型受注の可能性があり、わが社の将来を左右するとても大事なものになるだろう。何としても受注を決めたいと思っている。

（指示）そこで、君にはプレゼンの際に投影するスライド資料を作ってもらいたい。プレゼン時間は15分なので、スライド枚数は10～20枚程度。今週の金曜日11時までに仕上げてほしい。盛り込む内容などは、B社で行ったプレゼンスライドが参考になるから、C君に見せてもらうといい」

単なる商品紹介のプレゼンなのか、大きな受注を決めるためのプレゼンなのか、**目的を示すことによって、指示された側のモチベーションはまるで違ってきます。**

また、仕事の目的がわかれば、後輩や部下は自分なりに目的達成のためのアイデアを考えたり、指示された以上のスライドを作成しようという気持ちにもなります。

「目的＋指示＋期待」の順に説明する

さらにもう一歩踏み込んで、後輩や部下のやる気を引き出す方法があります。それが、「目的＋指示＋期待」の順に説明する方法です。

後輩や部下に対して期待していることや、仕事が終わった後に得られるであろう効果やメリットについて、追加して伝えます。

具体的には、前に紹介した「目的＋指示」の後にこう続けるといいでしょう。

「（**期待**）君ならできるはずだ。だから、頑張ってほしい。今回の案件を受注することができれば、君にとって大きな自信にもなるはずだから。もちろん、評価に反映されることになるし」

人は期待されると、その期待通りの結果を出すと言われます。これを心理学では「**ピグマリオン効果**」といいます。

また、行動した結果として得られる効果やメリットを、具体的にイメージできるようにすることで、さらにやる気が湧いてくることでしょう。

人は理屈だけでは動きません。丁寧に指示することで内容を理解し、目的を説明することで納得します。さらに期待して共感することで、高いモチベーションを持って行動するのです。

後輩や部下に意欲を持って働いてもらうには

NG

目的を伝えずに、指示ばかりする

的確な指示を出すことで、後輩や部下が間違いのない行動ができるようになりますが、そればかりでは後輩や部下のモチベーションは上がりません。

OK

目的や期待を伝えることで、相手のやる気を引き出す

指示だけでなく目的や期待も伝えることで、後輩や部下のやる気を引き出し、高いモチベーションで仕事に取り組みたくなるように仕向けます。

3 自分の言葉だけで説明しようとしない

後輩や部下に対しては特にそうなのですが、私たちはつい熱のこもった言葉で説得しようとします。もちろん、そうした熱意は大切ですし、気持ちが伝われば後輩や部下を説得することができます。

しかし、別の方法でも説得力のある説明をすることができます。**それは自分の言葉だけでなく、他者の言葉を借りて説明する方法です。**

偉人の言葉を借りる

仮に、あなたが人生の大きなチャンスを迎えていたとします。おそらく二度とない大きなチャンスです。でもチャレンジするのにはリスクが伴います。チャレンジするべきかどうか迷うところです。

そんな時、普段から親しくしている友人にこう言われました。

「私はチャレンジしたほうがいいと思うよ。人生は一度きりだし、後悔したくないじゃないか」

主観的ではあるものの、迷っているあなたの背中を押してくれる、一言にはなるでしょう。

では、同じ友人にこう言われたらどうでしょう。

「ヘレン・ケラーは『人生はどちらかです。勇気を持って挑むか、棒にふるか』と言ってたよ。人生は一度きりだから、あなたには後悔してほしくないんだ。私はチャレンジしたほうがいいと思うよ」

とても説得力のある言葉です。誰もが知っているヘレン・ケラーですから、一つひとつの言葉に重みがあります。

このように、昔の偉人や聖人などの先人が残した言葉、つまり格言の力を借りることで説得力が増すのです。

ことわざを使う

同じように、ことわざも説得力のある言葉になります。ことわざは、昔から言い伝えられている知恵や教訓であり、私たちにとって身近なものです。

たとえば、少し辛抱が足らず、怠けグセのある後輩がいたとします。あなたならどのような言葉で後輩を戒めますか？

「石の上にも三年」「好きこそものの上手なれ」「急がば回れ」という3つのことわざを使って、話をしてみてください。

「君はこの仕事を始めてまだ日が浅い。〝石の上にも三年〟という言葉があるように、つらいことがあっても3年は頑張ってほしい。そこで、まずは〝好きこそものの上手なれ〟――関心があって好きな分野を極めてみたらいいんだ。好きな分野のことであれば習得も早いだろうから。そうやって少しずつ専門分野を広げていこう。決して焦ることはない。〝急がば回れ〟だよ」

いかがでしょうか？

このような流れで話を進めると、後輩も聞く耳を持つことでしょう。ことわざであれば、子供の頃に一度は聞いたことがあるはずですし、すぐに理解することができます。

権威の力を借りる

「権威」とは、ある分野で優れていると認められていて、社会的な影響力を持っている人や事柄のことです。業界で権威のある賞、世界的な権威の医者、日本一の権威ある団体など、さまざまです。

権威のある人や組織の言葉を借りることでも、説得力のある説明をすることができます。

たとえば、次のような権威者の言葉には説得力があります。

「著名なアメリカの心理学者マクレランドによると、人には〝達成〟〝権力〟〝親和〟〝回避〟の動機・欲求が存在するといいます。何かを達成したいという達成欲求、自分の影響力を行使したいという権力欲求、人間関係を構築したいという親和欲求、失敗や困難を避けたいという回避欲求。こうした4つの動機、欲求をうまく刺激することで、後輩や部下の行動に結び付けることができます。これを〝マクレランドの欲求理論〟といいます」

ほかにも「○○分野の権威である△△博士の話によると、通常に比べて2倍以上の効果があるそうです……」といったように、専門家の△△博士の言葉であれば間違いないだろう、という安心感が生まれ、説得力が増します。

また、「先月発表された、国土交通省の○○白書に書かれているのですが、△△が年間で5%減少しています……」。国土交通省の○○白書に書かれている、ということであれば、当然データの信ぴょう性は格段に上がります。

ブランドや歴史の力を借りる

ブランドや歴史にも、相手を納得させる力があります。

「こちらの商品は、東証一部上場企業○○社への販売実績があります」

このように説明すれば、誰もが知っている○○社という企業ブランドによって、商品に対する安心感は高まるでしょう。

「元禄三年創業。300年を超える老舗○○では、創業から変わらぬ製法で……」

これまで培ってきた歴史によっても説得力が増します。歴史もまた、相手を安心させる材料となるのです。

このように、ブランドや歴史の力を借りて、相手を説得することもできるのです。

信頼性のある言葉をうまく活用する

NG

「伝えたい」という熱意から自分の言葉だけで説明する

「伝えたい」という気持ちばかりが先行してしまうと、非常に主観的な説明になってしまいかねません。

OK

他者の言葉をうまく借りて納得してもらう

格言、ことわざ、権威など、信頼性の高い客観的な言葉をうまく借りることで、より一層、説得力のある説明になります。

4 否定的な言葉を使って説明しない

「先日君に頼んだ○○の件だけど、無事に済んでよかったよ。しかしねぇ……」

上司からこのように言われたら、あなたならどう思いますか？

「しかし……」「でも……」「ところが……」などと言われると、次に続く言葉が気になって少し身構えてしまいますね。

「肯定＋否定」ではなく「肯定＋肯定」で説明する

では、上司が部下に仕事の指示を出しているケースで考えてみましょう。

「君にやってもらいたい仕事がある。1か月後のイベントを成功させるために、ウェブ上に特設ページを開設してもらいたい。しかし、予算は10万円しかないんだ」

「え～、予算10万円ですか……」

このように、逆接の接続詞を使い**「肯定＋否定」の順で指示されると、後輩や部下**

はネガティブな印象を受けます。一瞬で10万円では無理だと考えてしまいます。

では、「肯定＋否定」ではなく「肯定＋肯定」で指示を出してみます。

「君にやってもらいたい仕事がある。1か月後のイベントを成功させるために、ウェブ上に特設ページを開設してもらいたい。そこで、予算は10万円なんだ」

「そうですか、予算10万円なんですね」

このように指示されたら、部下としても予算内で何とか頑張ってみようという気になります。少なくともネガティブな印象は受けません。

「そこで」「そのため」「ですから」など**順接の接続詞を使うことで、ネガティブな印象を打ち消すことができるのです。**

■「逆接の接続詞」を逆手に取る

逆接の接続詞をあえて活用して、ネガティブな指示内容をポジティブに言い換える方法もあります。それが次のように「否定＋肯定」の順に指示する方法です。

「君にやってもらいたい仕事がある。1か月後のイベントに向けて、ウェブ上に特設ページを開設してもらいたい。予算はわずか10万円なんだ。しかし、イベントを成功させるために、どうしても必要なんだ……」

「そうですか、わかりました。予算10万円ですね。やってみます！」

肯定的な内容で話を終えることで、部下も前向きな気持ちになって仕事に取り組むことができます。

「否定的な質問」もＮＧ

否定的な接続詞と同様に、後輩や部下に対しては、「なぜ？」などの言葉を使って否定的な質問をする場合にも注意が必要です。

否定的に質問されると、人はとっさに言い訳を考えてしまう傾向があるからです。どうしてもネガティブな印象が強くなります。

ですから、「なぜ、できないの？」と質問するのではなく、「なにが、ネックになっているの？」など、「なに」を使って質問します。つまり、**「Ｗｈｙ？」ではなく「Ｗｈａｔ？」を使って質問する**のです。

そして、その後に「では、どうすれば、うまくいくかな？」などと肯定的な質問につなげるといいでしょう。

ネガディブな印象を与えない説明の仕方

NG
「しかし」など逆接の接続詞で話をつなぐ

肯定的な話をしてもその後、「しかし」「でも」「ところが」などの逆接の接続詞でつなぐと、全体としてネガティブな印象になります。

OK
「そこで」など順接の接続詞で話をつなぐ

「そこで」「そのため」「ですから」など順接の接続詞を使うことで、たとえネガティブな話でも、その印象を打ち消すことができます。

5 「あなた」を使って説明する

後輩や部下に話をしていて、自分事としてしっかりと受け止めているのかどうか、不安になることがあります。

先輩：「本当にわかっているよな？」

後輩：「はい、もちろんわかっています……」

このような返事が返ってきたとしても、他人事として聞いているのではないかと、疑問に思うこともあるでしょう。

そこで、後輩や部下が自分事として受け止めてくれるようになる説明の仕方について、見ていくことにします。

■聞き手が複数いる場合でも「あなた」を使う

私は、研修やセミナーで受講者に呼びかける際に、「みなさん」という言葉を使いません。同じように本書でも「みなさん」という言葉は使っていません。相手に呼びかける時は複数の場合でも「あなた」を使っているのです。

理由は、相手に自分事として受け止めてもらいたいからです。この「**自分事として感じてもらう」ことは、とても重要なのです。**

あなたは、そう思いませんか？

「みなさん」と呼びかけられると、その他大勢の中の一人として扱われていると感じます。しかし、「あなた」と呼びかけられると、私一人に語ってくれているという気持ちになります。

ですから、複数の後輩や部下を前に話をする時でも、「みなさん」ではなく「あなた」を使って語りかけてください。

■「私」ではなく「あなた」を使う

一対一で、先輩が後輩に話しているケースで考えてみましょう。

「私が責任者を務めている今回のプロジェクトだが、メンバーのおかげで予定通り進んでいる。より一層力を入れていきたいと思っているので、これからも協力してもらいたい。協力してくれるか？」

後輩は「はい、もちろんです」（仕事ですから……）と答えるでしょう。でも、心のどこかに「私のプロジェクトじゃない」という気持ちもあります。

では、こう言われたらどうでしょうか？

「あなたにも参加してもらっている今回のプロジェクトだが、メンバーのおかげで予定通り進んでいる。より一層力を入れていきたいと思っているので、これからも協力してもらいたい。協力してくれるか？」

「私」を「あなた」に変えただけですが、「一緒に〜しよう」という気持ちが伝わり、「自分のプロジェクト」という意識に後輩はなります。自分事として受け止め、積極的に協力していこうとなるはずです。

このように、**「私が担当している〜」ではなく、「あなたが関係している〜」と伝えることが重要なのです。**

後輩や部下に自分事としてとらえてもらうためには？

NG

複数の後輩や部下の前で「みなさんは～」と呼びかける

「みなさん」では相手の関心が薄く、他人事として受け止められてしまう説明になってしまいます。そのため、心にも残りません。

OK

複数の後輩や部下の前でも「あなたは～」と呼びかける

自分に関係のある事柄なら、誰でも真剣に聞いてくれます。複数の人に説明するときでも、その内容が自分事であるという意識を持ってもらうために「あなた」と呼びかけましょう。

✓ Check 後輩や部下を動かす説明のためのセルフチェック

- □ 後輩や部下がすぐに行動できるように「細かく、わかりやすく」指示を出しているだろうか？
- □ 単に指示するだけでなく、仕事の目的を伝えるような説明をしているだろうか？
- □ 「あなたならできる」など、期待を伝えることで、後輩や部下のモチベーションを上げる説明をしているだろうか？
- □ 偉人の言葉やことわざを使って、説得力のある説明をしているだろうか？
- □ 「しかし」など否定的な接続詞ではなく、「そこで」など肯定的な接続詞を使って説明しているだろうか？
- □ 複数の後輩や部下に対しても、「みなさんは～」ではなく、一人に話をするように「あなたは～」を使って説明しているだろうか？

第5章

会議やプレゼンをきちんと仕切れる説明の仕方

1 視覚物を効果的に使って説明する

説明では相手が一人とは限りません。会議で何人かを前にして説明したり、大勢の人を前にしたプレゼンを行うこともあるでしょう。

そして、**特に複数の相手に説明する場面では、視覚物が効果を発揮します。**

スライドで相手の視覚に訴える

私は研修やセミナーで話をする際は、必ずスライドを用意しています。

実は、「**人が得る情報の80%以上は視覚から入る**」と言われています。ですから、聴覚ではなく、視覚に訴えたほうが効果的なのです。決して、言葉だけで説明しようとはしません。

では、パワポなどでスライドを作成する際に、どのようなことに気をつければいいのでしょうか？

一番大事なのは、わかりやすいスライドを作るように意識することです。格好よくて、センスのあるスライドを目指すより、あなたの話を理解してもらうための、わかりやすいスライドを目指してください。ポイントは次の通りです。

ポイント1　スライドに書く文字数を極力絞る

スライドで多くのことを伝えようとすると、どうしても多くの文字を書き込みたくなります。しかし、それではかえって相手にとって、わかりづらいスライドとなってしまいます。

スライド一行の文字数は、せいぜい10～15文字程度に抑えるといいでしょう。

「スライドの文字は読んでもらうのではなく、見てもらうものである」という感覚でちょうどいいのです。そのためには、長い文章を書くのではなく、箇条書きにしたり、体言止め（名詞や代名詞で終わる書き方）で表現するなどの工夫も必要です。

たとえば、「わが社の売上はアップするでしょう」という文章ではなく、「わが社の売上はアップ！」とすることで、少ない文字数で表現できます。

また、「今回の企画は、真剣に検討すべきであると考えます」という文言を、「今企画を検討すべき」とすれば、文字数を抑えることができます。

ポイント2　図・イラスト・写真・グラフで表現する

文字や数字の羅列だけのスライドでは記憶に残りづらく、また理解するのにも時間がかかります。そこで、できるだけわかりやすくなるよう、図・イラスト・写真・グラフを使って表現してください。

その際、大きさ・色・全体の統一感などを考慮して、バランスよく配置します。特に**イラストや写真についてはテイストを揃えるなど、ちぐはぐな印象を与えないよう配慮が必要です**。もし適当なイラストや写真がなければ、文字を強調（大きな文字・太文字・ワードアートなど）するといった工夫をします。

次のページのスライドは「聞き上手になるための4つの質問テクニック」について書かれています。

上段のスライドは文字中心で、文字数も多くしかも小さく、見づらいスライドですね。一方で下段のスライドはとても見やすく仕上がっています。まず、タイトルの字が大きく短文で書かれているため、何のスライドなのかがすぐにわかります。そして、イメージしやすいイラストを使ったり、相手に知ってもらいたい情報を、キーワードとしてまとめて表現しています。

見やすいスライドはどっち？

聞き上手になるための
4つの質問テクニックについて

話すことは得意でも、聞くことを苦手としている人はけっこう多くいます。

しかし、ビジネスで成功するには話し上手よりも、聞き上手になることが重要な時代になってきています。

そこで、ビジネスマンとして絶対必要とされる、聞き方の方法について見ていくことにします。

1つ目は相手が答えられる質問をすることです。答えられない質問をしてはいけません。

それから、2つ目は相手が答えたい質問をすることです。相手にとって心地よい質問をしてみましょう。

そして、3つ目は間接的な質問をするのもいいでしょう。直接聞くのは失礼になるような質問もあります。

最後の4つ目は自分の意見+質問をしてみましょう。自分の意見を述べた後で質問することで、相手は話しやすくなります。

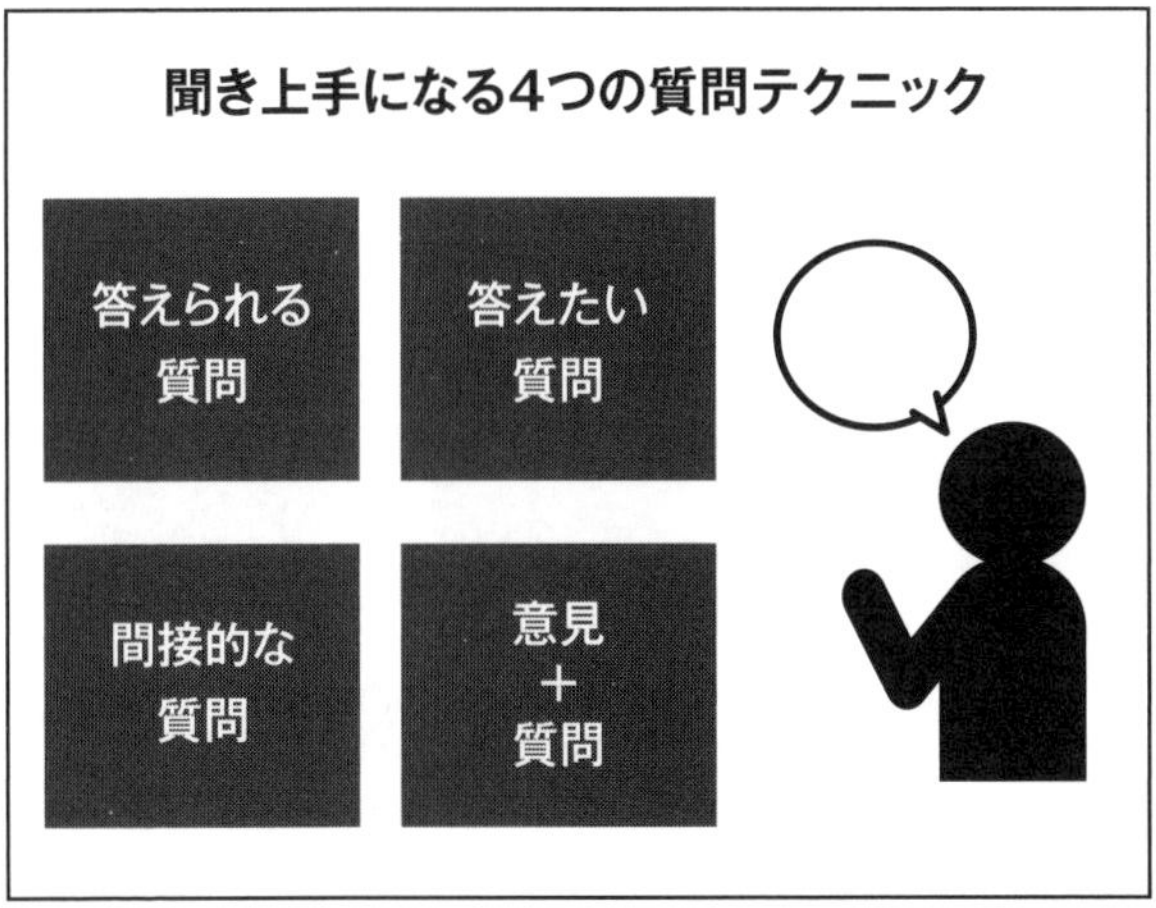

ホワイトボードで相手の視覚に訴える

ホワイトボードに板書することで、相手の視覚に訴えるという方法もあります。

では、スライドとホワイトボードを、どのように使い分けたらいいのでしょうか？

スライドは事前に作成するものです。ですから、あらかじめ話す内容が決まっている場合に使います。

一方、**ホワイトボードはその場でしか書けない情報の場合に適しています**。たとえば、説明の途中で相手とやり取りしながら出てきたキーワードを書く場合などです。

あなた：「〇〇〇についてどう思いますか？」

相手①：「△△△がいいと思います」

相手②：「□□□がいいですね」

こうして相手から発せられた「△△△」「□□□」という言葉を板書するのです。

その場の生の情報を扱うため臨場感がありますし、相手の視覚にも訴えることができます。ただ、ホワイトボードのスペースも限られているので、スライドよりもさらに文字数を絞り込まなければなりません。

大勢の前で説明する際の心得

NG

話術を磨いて話だけで説明しようとする

講演などで自分の言葉だけで説明しようとするのは限界があります。聴衆が多いほど「耳で聞いて理解しよう」という意識より、「目で見て理解しよう」とする傾向が強くなります。

OK

スライドなどを使って視覚にも訴える

「人が得る情報の80%以上は視覚から入る」と言われています。特に相手が多数の場合は、スライドやホワイトボードなどを使用して、視覚に訴えた説明を心がけましょう。

2 まくし立てるように説明しない

知り合いのある企業の人事担当者の話です。その人は二人で話をしていると、とても落ち着いていてゆったりと自信のある話し方をします。しかし、複数の人の前に立つと、まるで別人のようになるのです。まくしたてるように一方的に説明を始め、何を話しているのかさっぱり理解できない状態となります。

実は、こういう人はけっこう多いのです。

相手が一人の時は、相手と対話しながら双方向に説明を進めていきます。しかし、会議やプレゼンなどで複数を相手にするときには、話し方がガラッと変わってしまうのです。

■"間"を意識する

人前に立つと、緊張のあまり「話すべきことをしっかり話そう」「覚えてきたことを忘れないうちに全部話そう」という気持ちが強くなります。すると、**話すことが目的のようになり、理解してもらう意識が薄れてしまう**のです。その結果、一方的でまくしたてるような説明になってしまいます。

そこで、複数を相手にする説明では、〝間〟（沈黙の時間）を意識してください。

当たり前ですが、あなたは話す内容を理解しています。しかし、相手にとっては初めて聞く内容であり、理解するのには時間がかかります。つまり、**あなたと相手とでは、理解についてのタイムラグがあるのです。**

そのタイムラグを埋めるために〝間〟を効果的に使います。〝間〟を作ることで、相手は考える時間を得て、話の内容を理解できるようになります。

「今回の新商品はとても画期的な機能を備えています。**（間）** その画期的な機能とは全部で3つあります。**（間）** 1つ目は○○○です……。**（間）** 2つ目は△△△です……。**（間）** そして3つ目は□□□です……」

このように、わずか1～2秒程度の〝間〟があるだけで、相手にとって理解しやすく、わかりやすい話になるのです。

〝間〟を楽しむ

前にも述べた〝つなぎ言葉〟（22ページ参照）としての「え〜」「あの〜」「で〜」は、次に何を話そうか探っている状況で発せられる言葉です。同時に、〝間〟（沈黙の時間）が怖くて話と話の間をつないでいる言葉でもあるのです。

逆にいえば、**あえて〝間〟を作ることで、「え〜」「あの〜」「で〜」という言葉は解消できます。**

〝間〟を嫌う人がいます。しかし、〝間〟は決して怖いものではありません。〝間〟――つまり沈黙の時間を楽しむという意識を持って説明するようにするといいでしょう。

相手に理解する“間”を与えていますか？

NG

相手の頭が整理される前に話を進めてしまう

「話すべきことをしっかり話そう」「覚えてきたことを忘れないうちに全部話そう」という気持ちが強くなると、まくしたてるような話し方になり、相手にとってわかりづらくなってしまいます。

OK

相手が理解できる時間を作るために〝間〟をあえて入れる

適宜、話の中に〝間〟（沈黙の時間）を作ることで、相手との理解のタイムラグを埋めることができます。その結果、同じ内容の話をしても相手にとってはわかりやすくなるのです。

3 その場にあわせて話すスピードを変える

一般的に「人前で話す時には、ゆっくり話すべき」とよく言われます。しかしこれは本当に正しいことなのでしょうか？

もちろん、ゆっくり話をするということは間違いではありません。しかし、必ずしも絶対に正しいとは言い切れないのです。

話のスピードを変える

一般的に、ゆっくり話す人に対しては聞く人は信頼性や落ち着き、余裕を感じます。一方で、テンポよく話す人に対しては情熱やスピード感、若々しさ、頭の回転の早さなどを感じます。

ですから、**相手からどのように見られたいかによって、意識的にゆっくり話したり、またはテンポよく話したりするといいでしょう。**

また、相手によってスピードを変えるという方法もあります。比較的年齢が高い人を相手にする場合はゆっくり話し、年齢が低い人を相手にする場合には少しテンポアップします。

ただ、基本的には、**あなたにとって自然に話ができるスピードを基準にします**。そのうえで、時には早く、時にはゆっくり話すなど緩急をつけることで、メリハリのある話し方になります。

たとえば、自分が早口だと認識している人は、無理してでもゆっくりと話すようにすべきなのでしょうか？

実は、私もどちらかというと早口のほうです。でも、私は無理してゆっくり話すようなことはしていません。それよりも、前項でお話しした〝間〟を意識して話をしています。

〝間〟を意識することで、自然と話のスピードを抑えることができ、相手にとって聞きやすいスピードになります。話すスピードをコントロールする一つの方法として、あなたも試してみてはいかがでしょうか。

声にメリハリをつける

淡々とした口調で、いつも一本調子で話をしていると、どうしても相手には冷たい印象を与えてしまいます。

逆に、声にメリハリをつけることができれば、相手を引きつけるような話し方になります。

具体的には、**話す際に声の強弱・大小・高低・明暗をつける**ようにします。強調したい場面では、大きな声で話したり、感情を込めて力強い声で話をしたりします。また、逆にあえて小さな声で「ここだけの話ですけど……」と言って、関心を引くやり方もあります。

スピードの緩急もそうですが、**声にメリハリをつけることで、話に「変化」が生まれます**。この変化を上手に取り入れることで、あなたの説明は相手にとって印象に残るものとなります。

相手が理解しやすい説明のテンポは?

NG 不自然なゆっくりペースで説明をする

ゆっくり話すことが正しいことだと思い込み、自分にとって不自然なテンポで話をすると、かえって原稿棒読みで感情がこもっていない印象を与えてしまいます。

OK スピードやメリハリをつけて説明をする

状況に応じて巧みに話すスピードを変化させます。時にはゆっくり話したり、またはテンポよく話したりします。この「変化」を作ることで相手にとって印象に残る説明となります。

4 身ぶり手ぶりで感情を表しながら説明する

会議やプレゼンの場では、硬い表情で説明するより、リラックスした表情で説明したほうがいいに決まっています。しかし、私たちは人前であがってしまったり、緊張したりすると、つい表情がこわばってしまうものです。

■ 身ぶり手ぶりを意識するポイント

こうした、**あがりや緊張を少しでも和らげるためには、身ぶり手ぶりを意識することをお勧めします。**

では、いくつか具体的な方法をご紹介します。

ポイント1 数を示す

たとえば、「今日は、お話ししたいことが3つあります」と話しながら、3本の指で示します。「1つあります」「5番目です」「2倍になります」といった、数字を強調したい時などに、指も使います。

ポイント2　形を示す

説明したい形を、手を使って作り表現します。たとえば、「このように、泳いでいる魚のような形をしたお菓子でした」と話しながら、手で魚の形を描きます。

ポイント3　大きさや量を示す

たとえば、「とても広い庭で、一面に花が咲いていました」と話しながら、両手を広げて大きい庭であることを表現します。「3分の1の量です」「野球のボール1個分の大きさです」など、表現したい大きさや量を手を使って示します。

ポイント4　推移を示す

手を上下、左右に動かすことで、過去から現在、未来への推移などを表現します。たとえば、「ここ数年販売実績が増えています」と話しながら、手を上方向に上げて表現します。

ポイント5　感情を示す

自分の感情を素直に動作で表現します。たとえば、「うまくいって、ホッとしました」と話しながら、胸に手を当てます。また、うれしい話をする時などは、ガッツポーズをしながら「やりました！」と感情を表します。

オーバー気味でちょうどいい

基本的に、こうした身ぶり手ぶりは小さくなりがちです。ですから、少しオーバーと思えるくらいでちょうどいいと考えてください。

また、これはぜひ覚えておいてもらいたいことですが、「リラックスした状態にあるから、心が軽くなり自然と身ぶり手ぶりが出るようになる」というわけではありません。それとは逆で、**「身ぶり手ぶりで身体がリラックスした結果、心が軽くなり緊張が和らぐ」**のです。

人前で説明するときには、身ぶり手ぶりを使って、どんどんリラックスした姿勢を作ってください。

大勢の前でこそリラックスして説明する

NG

硬い姿勢、硬い話し方で説明する

緊張のため、表情や動作が硬いまま説明すると、より緊張してしまいます。さらに、その緊張感が相手にも伝わってしまいます。

OK

身ぶり手ぶりを交えてリラックスして説明する

身体や手が動くと心も軽くなりリラックスできます。そうすると、穏やかな表情で感情を込めた説明ができるようになります。

5 目をキョロキョロさせない

あなたは、複数の人を前に説明をする際に、どこを見て話をしたらいいのか、教えてもらったことはありますか？

おそらく、ほとんどの人は教えてもらっていないはずです。そのため、会議やプレゼンで話をしている人の様子を見てみると、どこに視線をあわせればいいのかわからず、目をキョロキョロさせている人が実に多いのです。

なぜ、人前であがるのか？

人があがる原因はさまざまです。うまく話ができるだろうかという不安感、相手に納得してもらわなければいけないというプレッシャーなどが考えられます。

しかし、最大の原因は相手からの視線です。人前で複数の人からの視線を浴びることで、あがってしまうのです。人は誰でもその傾向があります。私のように毎日人前で話をしていても、一斉に視線を浴びると一瞬ドキッとします。

では、私はどうやってその状況を克服しているのかといえば、**「見られている」という受け身の意識から「見ている」という能動的な意識に変えている**のです。

それだけで、あがりはかなり抑えることができます。ですから、まずは見られている側から見ている側にポジションチェンジしてください。

■相手と対話するように説明する

とても大事なことなのですが、**会議やプレゼンなど相手が複数いる場であっても、一人ひとりと対話するように説明します**（152ページ参照）。

つまり、複数の相手を一塊と考え、いっぺんに対応するのではなりません。常に一人の相手に説明する、その行為を複数回行うということなのです。

ポイントは、「意味のわかる一塊の文言を、一人に言い切る」ことです。そして、一人ずつ説得する気持ちで話をすることです。

複数の相手全員を一度に説明するのではなく、あくまで一人ずつ説明するのです。

たとえば、次のように視線を動かしながら話をするといいでしょう。

1人目に視線「おはようございます」
2人目に視線「お集まりいただき、ありがとうございます」
3人目に視線「今日は○○○についてお話しする予定です」
4人目に視線「あなたにとって有意義な時間となるよう頑張ります」
5人目に視線「最後までお聞きください。どうぞよろしくお願いします」

こうして、視線のポジションを変えて一人ずつ話をすることで、あがりが抑えられ、かつ説得力のある説明になります。

人前で説明する際の視線は？

NG

どこを向いたらいいのかわからず視線が定まらない

人前に立つと緊張してしまって、つい視線が泳いでしまいます。こうなると、相手にも緊張感が伝わってしまいます。

OK

一人ずつしっかりと見ながら落ち着いて説明する

複数の相手であっても、一人ずつしっかりと目をあわせることで、あがりは抑えられます。相手から見ても落ち着いた態度で説明している様子に映ります。

☑ Check　会議やプレゼンで説明するためのセルフチェック

□ 言葉だけでなく、ホワイトボードやスライドなど視覚効果を利用して説明しているだろうか？

□ 適度な〝間〟（沈黙の時間）を作って説明しているだろうか？

□ 声に抑揚をつけて、話の「変化」を意識しながら説明しているだろうか？

□ 不自然にゆっくり話すのではなく、テンポよく説明しているだろうか？

□ 身ぶり手ぶりを使って、感情を込めて説明しているだろうか？

□ 集団の前でも、一人ずつ視線をあわせて説明しているだろうか？

第6章

「説明がうまい」と思われる一歩先のテクニック

1 フレームワークを使って論理的に説明する

「ロジックツリー」「マーケティングの4P」「ピラミッドストラクチャー」「戦略の3C」「PEST分析」「SWOT分析」などの用語は、仕事をしているとよく耳にすると思います。これらはロジカルに思考するための枠組みであり、**「フレームワーク」**と呼ばれています。

今ある情報を、フレームワークを使って分類することで頭の中が整理され、論理的な説明ができるようになります。フレームワークによって、情報がMECE（81ページ参照）になるというわけです。ここでは、このようなフレームワークを使って上手に説明をするためのポイントを見ていきましょう。

「ピラミッドストラクチャー」で情報を整理する

いくつかの情報を、下から上に向かってピラミッド状にまとめて積み上げることで、結論を導き出すフレームワークがあります。これを「**ピラミッドストラクチャー**」といいます。

ピラミッドストラクチャーは、情報をまとめて答えを出したり、提案をする際に有効なフレームワークです。具体的な作成手順は次のようになります。

手順1 **収集した情報を、テーマにあった切り口でMECEに分類する**

手順2 **「So What?」を問いかけて、情報を上位に集約する**

手順3 **上から下に「Why So?」を問いかけて、矛盾がないか検証する**

フレームワークは相手に見せて説明する

こうしたフレームワークは、相手の視覚に訴えて説明するといいでしょう。

たとえば、あなたの会社が新規事業に参入すべきかどうか、判断に迷っている状況にあったとします。

このケースでは、まず集めた情報をMECEに分類します。新規事業への参入がテーマなので、「**戦略の3C**」を使えば、MECEにまとめやすくなります。

戦略の3Cとは、Customer（顧客・市場）、Competitor（競合）、Company（自社）

ピラミッドストラクチャーの例

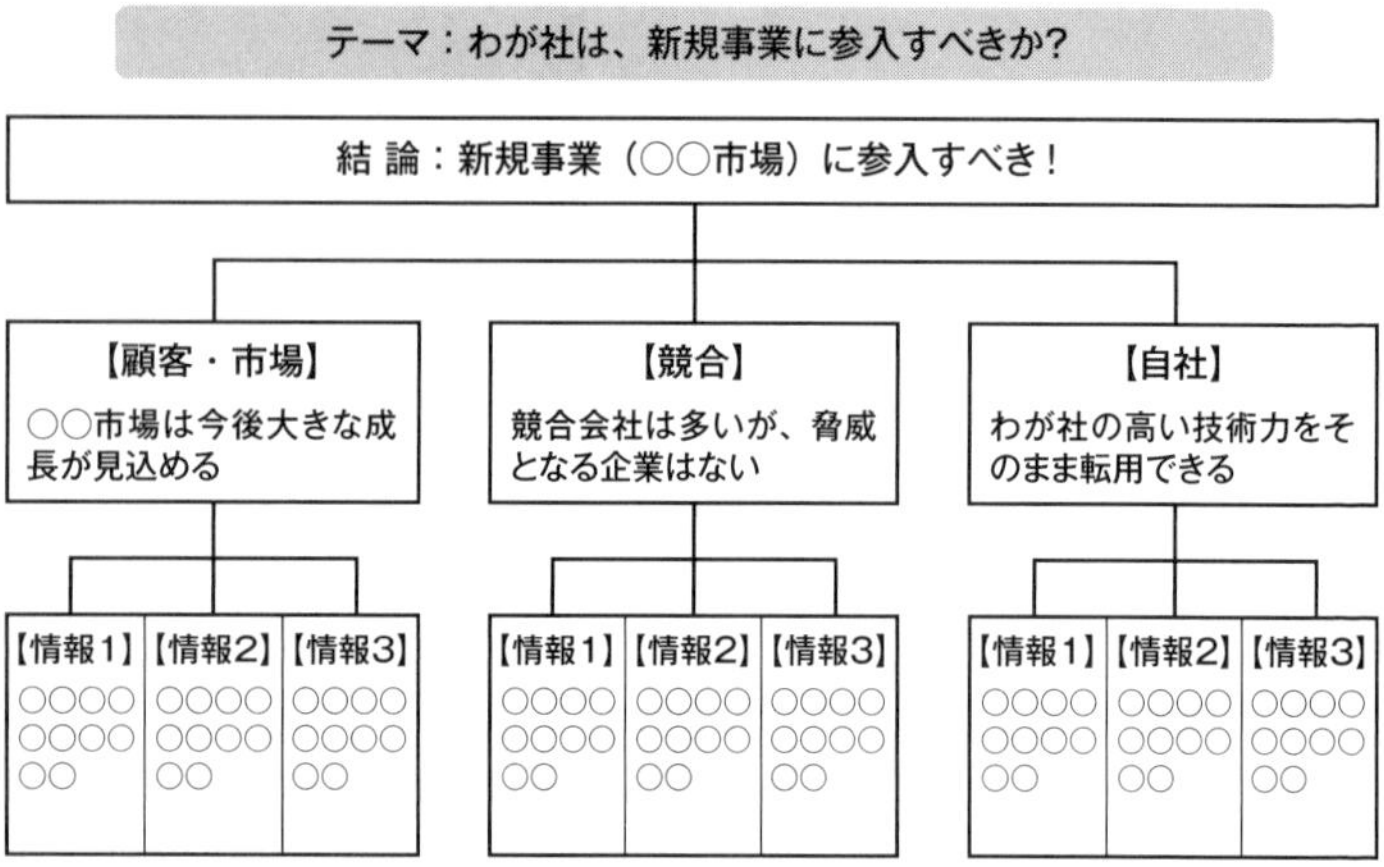

の3つの視点のことです。

次に、「So What?」（よって・したがって・要するに）を問いかけることで、情報を上位に集約し、「根拠と結論」の関係を明らかにします。

同時に、上から下へ「Why So?」（なぜ、そのようなことがいえるのか？）と問うことで、論理的な矛盾がないか確認することができます。

論理的な説明ができていますか？

NG
根拠や結論を意識せずに説明する

収集した情報を頭の中でうまく整理できないと、根拠や結論を意識しなくなります。そのため、相手には、何が言いたいのかわからない、理解しにくい説明だと感じられてしまいます。

OK
フレームワークを活用して根拠や結論をわかりやすく説明する

ピラミッドストラクチャーなどフレームワークを使って頭の中を整理したうえで、ロジカルに説明すると、難しい話でも根拠や結論がはっきり示され、わかりやすい説明になります。

2 選択肢を示して説明する

たとえば、あなたがお昼ご飯を買いにお弁当屋さんに入ったとします。今日はいろいろな種類のおかずを食べたいと思い、幕の内弁当に決めました。できればワンコインで済めばありがたいところです。

あなた：「すみません、幕の内弁当ってありますか？」
店員　：「幕の内弁当ですね、ありがとうございます。700円になります」
あなた：「(700円か、ちょっと高いけどなぁ……)じゃあ、それください」

初めから買うことが決まっているかのように「700円になります」と店員から言われているようで、少し押しつけられた感覚になります。それに、ワンコインではなかったので、やや高い買い物をしたという印象も残ります。

人は真ん中を選ぶ傾向がある

では、お弁当屋さんの店員に、こう言われたらいかがでしょうか？

「幕の内弁当ですね、ありがとうございます。幕の内弁当には3つの種類があります。並500円、上700円、特上900円の3種類です」

ワンコインで済めばありがたいと思っていたとしても、多くの人は「では、上の幕の内弁当をください」と答えるのではないでしょうか。私もそうです。

人は、こうして**3つの選択肢を与えられると、両極端を嫌い、真ん中を選ぶ傾向があります**。これを行動経済学では、「**極端の回避性**」といいます。やはり、「平均・普通・真ん中」が心地いいのです。

700円の幕の内弁当しか選択肢がない状況では、それを買おうとすると少し押しつけられた感覚になります。しかし、選択肢が3つに増えることで、「自分で納得して700円の幕の内弁当を選んだ」という感覚になるのです。

この「**自分で選んだ！**」**という行為によって人は納得します**。

当然のことながら、お店にしてみたら、初めからこうした顧客の心理を知ったうえで「並・上・特上」という選択肢を用意しているとは思いますが……。

説明しないで選んでもらう

相手を説得するのは大変骨の折れることです。ですから、**説得しようとするのではなく、いくつかの選択肢から選んでもらう**、という仕掛けを考えるといいでしょう。

では、後輩に仕事を急いでほしいと、依頼するケースを考えてみましょう。

「来週、お客様にサンプルを提出することになってね。そこで、あなたにはサンプル製作を急いでほしい。できれば今日中に完成しているのが望ましいんだけど……。明日までに完成していると助かるな。でも、遅くても明後日までには完成していないと困るんだ。いつまでに完成できるかな？」

3つの選択肢を入れて、質問を交えながらお願いしています。

後輩にしてみると、今日、明日、明後日の3つの選択肢があります。

〝今日中に完成させます、と言いたいところだけど、それはかなり厳しい状況だな。かといって、明後日とは言いづらいし……。ここは真ん中の明日と答えよう〟

このように、後輩は頭の中で瞬時に判断します。そして、自分で選んだ手前、行動しないわけにはいかない状況にもなります。

では、選択肢はどのくらいの数が適当なのでしょう。

場合にもよりますが、3〜5つくらいがいいでしょう。**人はあまり多くの選択肢があると、かえって選べなくなってしまう**のです。この心理的な動きを「**決定回避の法則**」と行動経済学では呼んでいます。

確かにそうかもしれません。仮に先ほどの幕の内弁当が500円から50円刻みで1500円まで21種類もあったら、選べませんからね。

相手の心理を理解して説明する

相手の心理を理解して説明すれば、もっとスムーズに説得できたり、納得させることができます。

たとえば、「**アンカリング効果**」という心理現象があります。最初に見たり聞いたりした情報や数字が基準となり、その後の判断に影響することをいいます。

では、アンカリング効果を利用した事例を見ていくことにしましょう。

あなたは中古車を購入しようとディーラーを訪れました。するとお目当ての車がありました。価格を見ると79万8000円と書かれています。考えていた予算より少し高めだったため、値引きをお願いすることにしました。

ここであなたに質問です。次のA、Bどちらの方法で値引きをお願いしますか？

A：「少し予算が足りないので、端数の8000円をまけてもらえませんか？」

B：「少し予算が足りないので、端数の9万8000円をまけてもらえませんか？」

おそらくBの方法でしょう。

なぜなら、Aの方法ですと、うまくいっても79万円までしか下がりません。しかし、Bの方法なら、もしかすると70万円で買えるかもしれないのです。

このように、**アンカリング効果を使って最初の要求を大きくすることで、得られるものも大きくなることがあるのです。**

相手の心理を突くことで、無理に説得したり、必死になって説明することなく、自分の主張を相手に受け入れてもらうことができます。

自分の主張を一方的に通そうとしていませんか？

NG

選択肢を与えず、説得しようとする

強引に説得したり、自分の主張を通そうとするような説明の仕方では、相手は押しつけられた感覚を覚えます。自分の主張を相手に受け入れてもらうには、より多くの時間と労力が必要になってきます。

OK

説得する際には、複数の選択肢から選んでもらう

選択肢を与えることで、「自分が選んだ」という感覚に相手はなります。そのため、無理に説得する必要もなく、相手を納得させられるのです。

3 ストレートな表現で伝えない

説明がうまい人は、現象や状況をそのままストレートに説明するのではなく、比喩やたとえ話を巧みに使って説明します。それによって、相手の共感を得ることができるのです。

アナロジーで説明する

数字を使って話をすることで、相手にわかりやすく説明することができる。ということはすでにお話ししました（102ページ参照）。しかし、数字を使うことでかえってわかりにくくなることもあるのです。

「目の前には、5万平方メートルの広大な農地が広がっています」

数字を使って説明しているのですが、5万平方メートルがどの程度の大きさなのかピンときません。

では、これならどうでしょう。

「目の前には、東京ドームが丸ごとすっぽり入る広大な農地が広がっています」

よく知られている東京ドームを引き合いに出すことで、農地の広さをイメージしやすくなります（東京ドームの面積は4万6755平方メートル）。

人は誰でも「アナロジーな思考」を持っているため、東京ドームを頭の中に思い浮かべることで、農地の大きさを理解することができるのです。「アナロジー」とは「類推」という意味です。ある事柄について、すでに知っている事柄との似ている点を探し出し、推し量ることをいいます。

■比喩を使って説明する

「**～のような**」「**～みたいに**」など、**比喩を使った表現をすることで、相手の理解度が増し、あなたの説明はわかりやすくなります**。比喩とは、ある事柄について、ほかの事柄との共通点に着目して表現することをいいます。

「○○さんは頭脳明晰な人だね。とても優秀だよ」

「○○さんはコンピューターのように頭脳明晰な人だね。とても優秀だよ」

「〜のように」を使って、○○さんとコンピューターとの共通点に着目しています。こうすることで、○○さんの優秀さがより伝わります。


「このお店のハンバーグはおいしくて、お勧めだよ」

「このお店のハンバーグはおいしいよ。以前一緒に行った○○のハンバーグみたいにふわふわだし、お勧めだよ」

「〜みたいに」を使って、相手の過去の経験データにアクセスしています。○○のハンバーグのふわふわ感をイメージさせることで、このお店のハンバーグのおいしさを説明しているのです。

たとえ話を使って説明する

たとえ話をすることでも相手の理解が進みます。

仮に「何事も目的を持って仕事をすることが大切である」ということを説明すると

します。そのようなな場合、次のようなたとえ話をするといいでしょう。


何事も目的を持って仕事をすることが大切です。

ところで、あなたは「３人のレンガ積み職人」という、イソップ寓話を知っていますか？


ある旅人が町を歩いていると、１人のレンガ積み職人に出会いました。旅人が「何をしているのですか？」と尋ねると、レンガ積み職人はこう答えました。「見ればわかるだろう。レンガを積んでいるのさ」と。

また少し歩いていると、２人目のレンガ積み職人に出会いました。「何をしているのですか？」と尋ねると、「大きな壁を作っているのさ、これが仕事でね。そのおかげで家族を養っていけるのさ」と答えました。

さらに歩いていると、３人目のレンガ積み職人に出会いました。同じように「何をしているのですか？」と尋ねると、「大聖堂を作っているのさ。この大聖堂が完成すればどれだけの人の心を救うことができるか。歴史に残る大仕事をしているのさ」と答えました。

1人目のレンガ積み職人は、レンガ積みの仕事を作業として淡々とこなしている職人です。2人目のレンガ積み職人は、家族を養うという目的でレンガを積んでいる職人です。そして、3人目のレンガ積み職人は、人々のために志を持って仕事をしている職人です。

それぞれのレンガ積み職人は、同じようにレンガを積む仕事をしています。しかし、完成品の出来栄えは、おそらく全く違ったものになることでしょう。目的を持って仕事をすることが、いかに大切であるかということが、このレンガ積み職人の話からわかります。

このように、**まず話の本質である結論を話し、それから次にわかりやすいたとえ話をする**、という流れがお勧めです。

比喩やたとえ話で相手の理解度を上げる

NG
ストレートな表現ばかりで説明する

現象や状況を見たままの説明や、数字を使った客観的な説明ばかりでは、かえってわかりづらいと思われることがあります。

OK
相手のイメージが湧く表現を活用して説明する

現象や状況をそのままストレートに説明しようとせず、アナロジーや比喩、たとえ話など、相手がイメージしやすい表現を用いることで、理解されやすくなります。

4 あえて完璧に説明しようとしない

私の知り合いに、あるメーカーの経営者の方がいます。仮にAさんとします。

そのAさんは、あえて不十分と思えるような説明をして、相手に少し考えさせるのです。相手は疑問に思ったことを質問することになり、その質問に答えるという形でAさんは補足の説明を加えます。

「**質問を誘うような説明をする**」ということなのかもしれません。話そのものがうまいというよりは、相手との双方向のやり取りが絶妙なのです。

100％の説明をしない

次のやり取りは、Aさんの会社で開発した新商品を、販売代理店に紹介するような場面です。

Aさんなら、次のように話して質問を誘います。

「今度、ウチの会社で新商品を販売することになりました。とても画期的な商品で、売れる理由は3つほどありましてね。**（少し沈黙した後、話の内容をガラッと変えて）**ところで、現商品の在庫のことなのですが……」

売れる理由は3つあると話しておきながら、詳細は語らずに次の話に移ってしまいます。

相手としては、その3つの理由を聞きたくなります。

「Aさん、ちょっと待ってください。3つの理由って何ですか？」

このような質問が出てから、3つの理由を具体的に話すのです。

「3つの理由ですか。そうですね、まず1つ目は……」

普通なら、相手から質問されないように、多くの情報を詳細に話します。また、相手からの質問を先回りして、疑問が残らないように十分な説明をすることでしょう。でも、Aさんの説明の仕方は真逆です。相手が質問したくなるように、100％の説明をしないのです。

■相手に「？」と思わせる説明をする

言葉数が多いと、相手は話の内容を消化することで精一杯になります。そこで、逆に話を少し不十分にすることで、相手に「？」と思わせるのです。すると、相手はその疑問点をクリアにするために質問をしてきます。

相手が質問することによって、相手の聞く姿勢は整いますから、その質問に答えるだけでなくプラスαの説明を加えることができるのです。

先ほどの新商品の例でいえば、3つの売れる理由を話した後に「この商品を扱うことで、あなた（販売代理店）にはこのようなメリットがあります」といったことを追加して伝えます。

こうした流れで話をすることで、相手の理解が進む説明になります。

Aさんのように、**言葉足らずのほうがうまく説明できることもあるのです。**

相手からの質問をうまく活用する

NG

初めからすべての情報を伝えようとする

相手の疑問が残らないように、伝えるべきことをすべて伝えようとすると、相手は話の内容を消化することで精一杯になってしまいます。

OK

相手が質問できる余地を適宜残しておく

あえて、相手が疑問に思ったことを質問してくるような説明の仕方もあります。そして、その質問に答える形で追加の説明をすることで、相手の理解が進みます。

5 相手の希望に沿った手段で説明する

相手に説明する時の手段はさまざまあります。直接会って説明する、電話して説明する、メールで説明する、文書やメモで説明するなどです。

では、一体どの手段で説明するのが望ましいのでしょう。

■仕事は適正品質を心がける

あなたにお聞きします。

「どのような仕事でも、品質は高いほうがいい」と言い切れますか？

品質にはコストがかかります。ですから、高い品質を求めれば、当然コストも高くなります。そう考えると、**品質は高ければいいとも限らないのです**。過小品質は良くありませんが、求めている以上の高い品質、つまり過剰品質も良くないのです。

やはり、適正品質が一番いいのです。

たとえば、上司から「競合他社であるB社の新製品○○の特徴について、簡単でいいから調べてほしい」と指示があったとします。

もしここで、上司が求めているレベルがB社のホームページをコピーする程度のものであれば、そのレベルのアウトプットでいいのです。何時間もかけてB社について調べ、数十ページにわたる資料を作る必要はありません。もしそんなことをすれば、資料作成に費やした時間は全く無駄、というか会社にとってその時間は損失ということになってしまいます。

説明の手段も適正品質を心がける

一般的に、コミュニケーションの手段で最も丁寧なのは、対面ということになるでしょう。次は電話、その次がメールという順になります。メールについては電子メールや携帯メール、さらにはメッセージ系SNSなどがあります。

また、そのほかの手段としては、文書による説明が考えられますが、ワードなどの文書作成ソフトを使ったものから、手書きのメモまでさまざまです。

もし立場が上の人に対して重要な説明をする場合であれば、まずは対面で、しかも目に見える資料などを使って説明することになるでしょう。そして、後は状況に応じて、電話やメールなどで説明することになります。

ここで大事なことは、「**相手が望む方法で説明する**」ということです。

たとえば、仕事上のやり取りは、電話よりもメールで行いたいという人がいます。電話ですと、聞き間違いがあったり、細かな説明や数字を使う説明にはあまり向きません。しかし、メールであれば、聞き間違いも発生しませんし、エビデンス（証拠）として残しておくことができます。また、電話はその時に話をしなければなりませんが、メールであれば自分の都合のいい時間に確認することができます。

こうした理由で、相手がメールでのコミュニケーションを望んでいるなら、それにあわせることです。あるいはＳＮＳのほうが都合がいい、ということであればそれにあわせるようにします。

このように、相手の希望に沿った適正品質な手段で説明することを心がけましょう。

適切な「説明の手段」とは？

NG

自分にとって便利な方法で説明する

相手の都合や希望を考慮せずに、自分にとって便利な方法で説明しがちです。そうすると、時には過剰品質の説明になり、またある時には過小品質の説明になってしまいます。

OK

対面、電話、メールなど相手の希望する方法で説明する

相手が望んでいる方法で説明します。その際、過剰品質でもなく、過小品質でもない「適正品質」を心がけて説明するようにしましょう。

☑ Check 一歩先の説明をするためのセルフチェック

- □ ピラミッドストラクチャーなど、フレームワークを使って、論理的に説明しているだろうか？
- □ 説得するのではなく、複数の選択肢から選んでもらうなど、相手の心理を理解した仕掛けを用いて説明しているだろうか？
- □ 「～のような」「～みたいに」など、比喩表現などを使ってわかりやすく説明しているだろうか？
- □ ただ説明するだけでなく、相手が質問したくなる余地を残した説明をしているだろうか？
- □ 面談・電話・メールなど、相手が望むコミュニケーション手段で説明しているだろうか？

車塚元章（くるまづか　もとあき）
株式会社ブレイクビジョン代表取締役。東京都出身、青山学院大学経済学部卒業、ビジネス・ブレークスルー大学大学院修了(MBA)。大学卒業後は新日本証券株式会社(現みずほ証券)に入社し、株式営業に従事する。26歳で経営コンサルティング会社に転職、この頃から研修・セミナーで講師を務めるようになり、30歳で経営コンサルティング会社を設立。さまざまなビジネス経験を通じて「人が変われば、会社や組織は変わる」ことを痛感する。また、ビジネスにおけるコミュニケーション力や、論理的思考力の重要性も強く感じるようになり、現在は人材育成コンサルタント、研修講師として活動している。
著書に『会社では教えてもらえない 上に行く人の 報連相のキホン』(すばる舎)、『プレゼンできない社員はいらない』(クロスメディア・パブリッシング)、『伝え方で「成果を出す人」と「損をする人」の習慣』(明日香出版社)など多数。

仕事《しごと》のできる人《ひと》が絶対《ぜったい》やらない説明《せつめい》の仕方《しかた》

2019年12月10日　初版発行

著　者　車塚元章
発行者　杉本淳一

発行所　株式会社日本実業出版社　東京都新宿区市谷本村町3-29 〒162-0845
大阪市北区西天満6-8-1 〒530-0047
編集部　☎03-3268-5651
営業部　☎03-3268-5161　振　替　00170-1-25349
https://www.njg.co.jp/

印刷／理想社　製本／共栄社

ISBN 978-4-534-05742-6　Printed in JAPAN